Petra Unger

Frauenspaziergänge

*Entdeckungsreisen
durch Wien*

METROVERLAG

Inhalt

Vorwort

Frauen spazieren schon seit vielen Jahren mit mir durch die Stadt, um die Geschichte, die Kunstwerke, die Gedenktafeln und Straßennamen, die Spuren anderer Frauen im öffentlichen Raum und so manchen Innenraum zu entdecken oder auch die Leerstellen des „Erinnerungsspeichers" Stadt mit Empörung wahrzunehmen.

Es ist wichtig, „vor Ort" zu gehen, die Stadt mit einem anderen Blick zu sehen und mit anderen Bildern, anderen Geschichten, anderen Werten zu verbinden. Es verändert den eigenen Bezug zur Stadt, auch den Bezug zu sich selbst und zur eigenen Geschichte. Das Gehen von einer Geschichte zur nächsten ermutigt, macht Staunen, berührt und belustigt, manchmal empört und schockiert es auch. Die Geschichte(n), die erzählt werden, lösen Diskussionen aus, öffnen Raum für unsere Geschichte(n) und machen beides, Geschichte wie Geschichten, mitteilbar und verhandelbar. Es ist gut, zwischen den einzelnen Geschichten zu gehen, über das Gesehene, Gelesene, Gehörte nachzudenken, sich bewegen zu lassen. In der Bewegung noch einmal nachspüren, was die Geschichte bewegt hat. Im Gespräch mit anderen lässt sich der Verwunderung, der Wut, dem Entsetzen oder dem Staunen nachgehen und dabei vielleicht unterschiedlich Wahrgenommenes austauschen. Oder auch eigene Geschichten, die mit dem Gehörten verbunden werden, erzählen. Das Gehen erleichtert, schafft wieder Raum für Neues oder hilft im Jetzt zu bleiben, wenn das gehörte Grauen der Vergangenheit unerträglich nachschwingt.

Es ist in diesem Gehen und Erzählen unmöglich, der Stadt und den Geschichten derer, die in dieser Stadt gelebt haben oder noch leben, gänzlich gerecht zu werden. Es ist immer unsere Fantasie, die das bruchstückhafte Bild ergänzen will. Es ist uns überlassen, was wir herauslesen wollen aus den biografischen Bruchstücken und wie wir es heute, in unserer eigenen historischen Situation und je nach eigener Geschichte und persönlichem Geschichtsbewusstsein, interpretieren. Wir interpretieren auf Basis dessen, was wir heute wissen, was die Frauen damals noch nicht wussten. Jede Geschichte einer Frau weist über sie selbst hinaus, verweist auf die gesellschaftlichen Rahmenbedingungen, in denen sie lebt oder gelebt hat. Jede Geschichte zeigt andere Aspekte der Machtstrukturen im Geschlechterverhältnis, aber auch andere Möglichkeiten, die Begrenzungen der Geschlechterzugehörigkeit aufzuheben und neue Wege zu gehen. Und jede dieser Geschichten verbirgt das Allerinnerste, und das ist auch gut so. Dieses Buch erhebt demnach keinen Anspruch auf Vollständigkeit, weder in der Aufzählung möglichst vieler Frauen noch in der inhaltlichen Darstellung der einzelnen Frauenbiografien.

Es gibt wesentlich mehr Adressen von Frauen entlang der vier vorgeschlagenen Routen für die Spaziergänge in diesem Buch. Ich habe bewusst auf eine Aneinanderreihung von Namen verzichtet. Viel wichtiger ist es mir, Frauen so facettenreich wie nur möglich in diesem Rahmen zu porträtieren. So ist dieses Buch kein „Stadtführer" im klassischen Sinne, vielmehr ein Lesebuch entlang der vorgegebenen Routen. Der Verlauf der Routen wird am Beginn der einzelnen Kapitel skizziert und mit den entsprechenden Ausschnitten des Stadtplanes illustriert. Die Anreise zu den Startpunkten jedes Spaziergangs mit öffentlichen Verkehrsmitteln findet sich ebenfalls vor jedem Beitrag. Am Ende eines Spaziergangs werden Lokale und Restaurants empfohlen, die gute Qualität bieten, von Frauen geführt oder von Frauen sehr gerne frequentiert werden.

Die Frauenbiografien in diesem Buch können ohne vor Ort zu gehen ebenso gelesen werden wie beim Spazierengehen. Wienerinnen und Wiener werden die Orte vielfach kennen und vielleicht nicht viel Neues entdecken. Für sie hoffe ich, eine neue Sichtweise auf Altbekanntes eröffnen zu können. Nicht-Wienerinnen und Nicht-Wienern werden die Namen vielleicht völlig unbekannt sein, die Lebensläufe sind für alle Leserinnen und Leser nachvollziehbar und können über das Individuelle hinaus hoffentlich Aufschlussreiches über die österreichische und Wiener Geschichte vermitteln. Ich habe trotz meines „Seitenblickes" auf zukünftige Wien-Reisende, die dieses Buch auch in die Hand nehmen können (und hoffentlich werden), auf Beschreibungen von Architektur oder ausführlichen Abhandlungen allgemeiner Historie verzichtet. Hierzu ist ausreichend Material in der vielfältigen Wien-Literatur zu finden.

Das Buch soll unbekannte Aspekte bekannter Frauen sichtbar und unbekannte Frauen bekannt werden lassen, um dabei einen kritischen Blick auf die gesellschaftlichen Verhältnisse werfen zu können – im Jetzt und im Damals. Wie Geschichte dargestellt wird, ob und wie historische Wahrheit behauptet wird und vor allem wie diese behauptete Wahrheit interpretiert wird, sind von Bedeutung. Es ist nicht nur von Bedeutung, ob wir unsere Geschichte kennen, sondern vor allem, welche Erkenntnisse, welche Schlüsse wir aus dieser Geschichte ziehen. Wie wir im Wissen um diese

Geschichte im Heute handeln. Kritikfähigkeit braucht Wissen, auch Geschichtswissen, um Zusammenhänge und Veränderungsmöglichkeiten erkennen zu können, damit Behauptungen, Mythen, Vorurteile und Zuschreibungen widerlegt werden können. Wenn die von mir hier zusammengetragene(n) Geschichte(n) ein Stück weit diese Fähigkeit zu kritischem Lesen, Entdecken und Erkennen unterstützen kann/können, ist ein kleiner Schritt auf dem Weg in eine gleichberechtigtere Welt gelungen.

Während der Recherche zu diesem Buch bin ich immer wieder in Sackgassen gelandet und vor verschlossenen Türen gestanden. Manche von mir ausgewählte Frau hat keine oder kaum Selbstzeugnisse hinterlassen. Was wir von ihr wissen, wissen wir von anderen, die über sie geschrieben haben. Das Bild, das daraus entstanden ist, muss also mit größter Skepsis gelesen werden. Immer wieder endet eine Spur im Nichts, erzählen die Dokumente, die Quellen nicht mehr weiter. Dort, wo keine Informationen mehr gefunden werden können, ist die Versuchung besonders groß, den eigenen Schlüssen, die daraus gezogen werden, Raum zu geben. Manchmal bin ich dieser Versuchung erlegen und habe meine eigene Interpretation gewagt. Immer jedoch habe ich mich um größtmögliche Genauigkeit und wissenschaftliches Arbeiten bemüht. Ich bin darin von vielen Menschen unterstützt worden. Mein besonderer Dank gilt an dieser Stelle Wolf-Erich Eckstein, der mir kostbare Hinweise zu Malva Schalek geben konnte und von dem ich sehr viel über „Misstraue den Quellen", aber auch „Finde den richtigen Faden" gelernt habe. Elena Ostleitner hat mir die Augen für die Benachteiligung und Ausgrenzung von Frauen im klassischen Musikbetrieb noch ein Stück weiter geöffnet und mich mit selten gewordener, wertvoller Literatur aus ihrem Privatarchiv vertrauensvoll und offenherzig unterstützt. Gertraud Steinkogler-Wurzinger hat im Gespräch meine „musikalischen Wissenslücken" gefüllt und mir Einblick gewährt in die Welt von völlig neuen Wegen der Musik abseits der klassischen, autoritären, philharmonischen, vielfach männlichen Traditionen. Den Frauen der Beratungsstelle für Migrantinnen, Lefö, möchte ich besonders für ihre Unterstützung in den Fragen zu Sexarbeit und Wiener Prostitutionsgesetz danken. Das Thema löst auch bei mir zwiespältige Gefühle und Unsicherheiten aus. Die klare, solidarische und zugleich kritische Position der Lefö-Frauen, immer an der Seite der Sexarbeiterinnen und mit Blick auf deren Bedürfnisse und Forderungen hat mich sicherer schreiben lassen. Auch VALIE EXPORT und Ula Schneider danke ich sehr für ihre Korrekturen und Ergänzungen. Ohne die Unterstützung dieser Personen und vieler anderer, die mir bereitwillig Auskunft gegeben haben, wäre das Buch nicht möglich gewesen. Mein herzliches Danke an alle.

Den zukünftigen Leserinnen und Lesern wünsche ich genüssliche, interessante und spannende Frauenspaziergänge!

Petra Unger

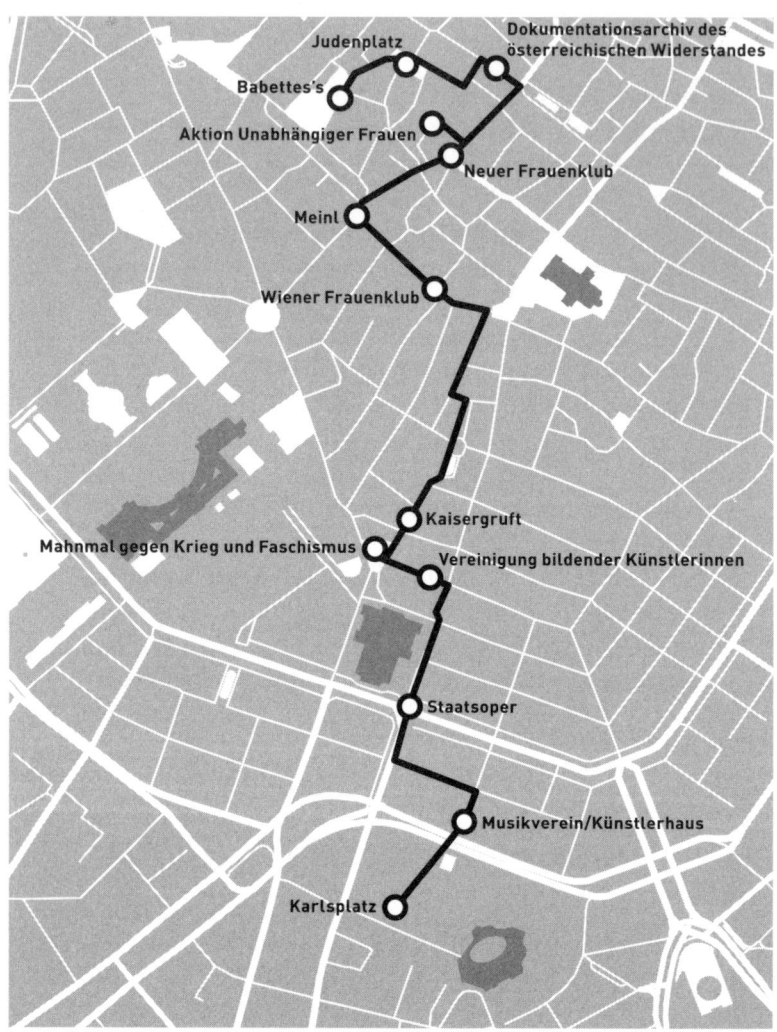

Der Karlsplatz ist einer der zentralen Plätze Wiens und ein wichtiger Knoten-
punkt der öffentlichen Verkehrsmittel. Auf den ersten Blick nicht als Platz
erkennbar, ist er von mehreren Seiten und aus allen Richtungen mit öffentlichen Verkehrsmitteln gut zu erreichen. Es empfiehlt sich die Anfahrt mit den
U-Bahnlinien U1, U2 und U4, den Straßenbahnlinien 1, 2, D, J, 62 und 65 sowie
den Buslinien 3a, 4a, 59a und der Badner Bahn.

Vielfalt der
Frauenleben

Die schönste Frau der Welt
Hedy Lamarr

Markantester Orientierungspunkt am Karlsplatz ist die Karlskirche. Mit ihrer hohen Kuppel und den beiden flankierenden Säulen gilt sie als eines der schönsten Wahrzeichen Wiens. Kaiser Karl VI., Vater der Kaiserin Maria Theresia, ordnet nach der letzten großen Pestepidemie in Wien (1713) den Bau einer Kirche an, die seinem Namenspatron und dem als Pestheiligen verehrten Karl Borromäus geweiht werden sollte. Architekt der Kirche ist zunächst Johann Bernhard Fischer, nach dessen Tod im Jahr 1723 vollendet sein Sohn Joseph Emanuel Fischer von Erlach den Bau. Die repräsentative Architektur der Kirche ist nicht nur ein attraktives Fotomotiv, sondern auch eine begehrte Kulisse für Hochzeiten. So heiratet hier beispielsweise am 10. August 1933 die Schauspielerin Hedy Lamarr den Industriellen und Waffenproduzenten Fritz Mandl. Hedy Lamarr geht mit dem Film „Ekstase" als „erste nackte Frau auf der Leinwand" in die Filmgeschichte ein, wobei weniger die Badeszene für Aufregung sorgt, als vielmehr ihr ekstatischer Gesichtsausdruck während einer Liebesszene. Ihr Ehemann versucht sämtliche Kopien des Films aufzukaufen und verfolgt sie mit rasender Eifersucht. 1937 flüchtet sie aus dem unerträglichen Eheleben und wandert in die Vereinigten Staaten aus. Auf der Schiffsüberfahrt begegnet sie Louis B. Mayer, der sie mit den Mitteln der Merchandisingindustrie zur „schönsten Frau der Welt" aufbaut und vermarktet. Ausschneide- und Schaufensterpuppen tragen ihr Gesicht. Mit wechselndem Erfolg steht Hedy Lamarr zusammen mit Clark Gable, Spencer Tracy und anderen vor der Kamera. Verkaufen sich die Filme schlecht, wird ihr wechselhaftes Privatleben „ausgeschlachtet". Immer wieder wehrt sie sich dagegen, und auch bei den Dreharbeiten gilt sie als eigenwillig. Sie kämpft zeit ihres Lebens um Selbstbestimmung und gegen die Vereinnahmung durch Ehemänner oder Manager der Filmindustrie. Lange Zeit völlig unbekannt bleibt ihre Leidenschaft für technische Erfindungen. So entwickelt sie, um einen Beitrag im Kampf gegen Hitler zu leisten, gemeinsam mit George Antheil die Technik des sogenannten Frequency Hoppings zur Funkfernsteuerung von Torpedos für den U-Boot-Krieg – heute eine der wichtigsten Grundlagen der Mobilfunk-Technologie. Erst 1998 wird Hedy Lamarr dafür mit der Viktor-Kaplan-Medaille ausgezeichnet. Sie stirbt im Alter von 86 Jahren in Orlando, Florida.

Eine löchrige Pipeline
Frauen an der
Technischen Universität

Rechts neben der Karlskirche befindet sich das eher schlichte Gebäude der Technischen Universität Wien. Zu Beginn des 19. Jahrhunderts beschließt das habsburgische Herrscherhaus unter Kaiser Franz II./I., mehr Personal für Militär, Wirtschaft und Verwaltung technisch-naturwissenschaftliche auszubilden. Zu diesem Zweck wird 1815 das „k. k. polytechnische Institut Wien" gegründet. Schon 1816 wird der Grundstein des heutigen Gebäudes am Karlplatz gelegt, und bald genießt das Institut internationalen Ruf. Mit Beginn des zwanzigsten Jahrhunderts entwickelt sich das Polytechnikum zu einer Technischen Universität. In ihrer Gründungszeit inhaltlich an militärischen Ingenieurs-, Berg- und Bauakademien ausgerichtet und ideologisch mit einer Konzeption von Naturwissenschaft untermauert, die Männern höhere technische Fähigkeiten zuschreibt, ist an dieser Lehranstalt kaum Platz für Frauen. Erst 1919, über hundert Jahre nach ihrer Gründung, werden die ersten Frauen an der Technischen Universität zugelassen. 1921 inskribiert Helene Roth, die 1926 mit 22 Jahren als erste Frau ihr Architekturstudium abschließen wird. 1934 ist sie eine von vielen talentierten Frauen, die Österreich verlassen müssen. Trotz Vertreibung zahlreicher Studentinnen und Absolventinnen der Technischen Universität erreicht der Frauenanteil während des Zweiten Weltkrieges 1944 seinen ersten Höchststand von 22 Prozent. Eine Zahl, die wohl mit dem Männermangel, bedingt durch deren Kriegspflicht, zu erklären ist. Die Repräsentation von Frauen an der Technischen Universität hat sich seither nur geringfügig geändert. 2011 sind 25,5 Prozent der Studierenden weiblich, die Führungspositionen der Universität besetzen noch weniger Frauen. Zwar sind 48 Prozent des allgemeinen Universitätspersonals (vor allem im Verwaltungs- und administrativen Bereich) weiblich, der Prozentanteil der Dozentinnen und Professorinnen beträgt jedoch nur 8,4 bzw. 9,3 Prozent. Der Verlust von weiblichen Talenten in der Wissenschaft wird heute mit dem Begriff „leaky pipeline" umschrieben: Die wissenschaftlichen Talente „versickern" regelrecht in einer auf Männer ausgerichteten Struktur. Trotz all dieser Hindernisse ist es 2011 Sabine Seidler als erster Frau gelungen, die höchste Funktion der Technischen Universität zu übernehmen. Sie wird als erste Rektorin der Technischen Universität berufen – ein Hoffnungsschimmer für weibliche Studierende und Forschende.

Vielseitigkeit als
Überlebenskonzept
Liane Zimbler

Mit der Technischen Universität Wien ist auch die Lauf-
bahn von Liane Zimbler verbunden. Sie wird als Juliane
Angela Fischer 1892 in Prerov (Prerau), Tschechien, geboren und ist eine von zwei Töchtern eines assimilierten,
jüdischen Ehepaares, das um 1900 nach Wien übersiedelt.
Nach ihrer Schulzeit inskribiert sie zunächst als Studentin
an der Wiener Kunstgewerbeschule, die Frauen gegenüber wesentlich aufgeschlossener ist, und wechselt anschließend an die Technische Universität, obwohl sie dort
nur als außerordentliche Hörerin akzeptiert wird. Schon
während ihres Studiums arbeitet sie als Grafikerin und
Illustratorin von Büchern. So gestaltet sie beispielsweise
unter ihrem Jugendnamen Liane Fischer das Buch „Der
zerrissene Schleier und andere Märchen" von Herma von
Skoda und „Das Lachen der Masken" von Hans Sachs. Für
den Modesalon der Schwestern Flöge zeichnet sie Entwürfe und für die Firma Bamberger gestaltet sie Möbel.
Ihre ersten Aufträge als Architektin erfüllt sie zunächst
als Mitarbeiterin des Büros Rosenzweig. Schon bald steigt
das Auftragsvolumen. Nach größeren und kleineren Auf-
trägen für Umbauten, u. a. für das Bankhaus Ephrussi,
kann sie schließlich ihr erstes eigenes Atelier im vierten
Bezirk, Schleifmühlgasse 5, eröffnen. Die räumliche Nähe
von Wohn- und Arbeitsplatz – beide befinden sich im selben Gebäude – dürfte es ihr auch ermöglicht haben, trotz
ihrer Heirat 1916 mit dem Rechtsanwalt Otto Zimbler und
der Geburt ihrer einzigen Tochter Eva intensiv weiterzu-
arbeiten, sodass sie Ende der Zwanzigerjahre ein zweites

Büro in Prag eröffnen kann, deren Leitung sie der Architektin Annie Herrnheiser übergibt.

Mit ihrer selbstständigen Berufstätigkeit und Kreativität repräsentiert Liane Zimbler die moderne Frau der Zwischenkriegszeit. In der Formensprache ihrer Arbeiten spiegelt sich die Modernität ihrer Entwürfe wider. Sie plant funktionale Innenräume für alleinstehende, berufstätige Frauen, beschäftigt sich mit der Umgestaltung großzügig angelegter, bürgerlicher Wohnungen in kleinere Einheiten und entwirft Einrichtungsgegenstände, deren Verwendungszweck nicht mehr nur auf Repräsentation, sondern vor allem auf Funktionalität ausgerichtet ist. Liane Zimbler legt dabei großen Wert darauf, Architektur nicht um der eigenen Selbstverwirklichung willen zu betreiben, sondern

Liane Zimbler

ihr Wissen und ihre Fähigkeiten den Auftraggeberinnen und Auftraggebern zur Verfügung zu stellen. Und sie pflegt ein freundschaftliches Verhältnis mit diesen: „Meine Klienten sind, von geringen Ausnahmen abgesehen, entzückend. Mit vielen, ja den meisten bin ich auch nachher befreundet ... Während der Arbeit selbst streiten wir viel, was dem Fortgang der Arbeit sehr förderlich ist. Auf das Streiten lege ich großes Gewicht, nur bei intensivem Meinungsaustausch werden die

Sachen gut und vor allem persönlich. Ich bestehe aber nicht darauf, um jeden Preis recht zu behalten. ... Ich freue mich, wenn es mir glückt, die Wohnung und das Haus derart dem Bauherren auf den Leib zuzuschneiden, daß er es auch selbst gemacht haben könnte – wenn er eben ich wäre."

Liane Zimbler ist Pragmatikerin was Planung und Umsetzung ihrer Arbeiten betrifft und keine explizite Anhängerin gesellschaftsverändernder, politischer Ideen in der Architektur wie etwa ihre Zeitgenossin Margarete Schütte-Lihotzky. Als moderne Frau ihrer Zeit ist sie jedoch durchaus emanzipatorisch engagiert und organisiert. Sie ist Mitglied in der fortschrittlichen Vereinigung „Wiener Frauenkunst", im „Verband berufstätiger Frauen in Österreich" und im „Soroptimist-Club", dem weiblichen Gegenüber des Rotary-Clubs. Dank dieser Mitgliedschaften und Kontakte übernimmt Liane Zimbler die Gesamtleitung der Ausstellung „Wie sieht die Frau?", die im Rahmen des Internationalen Frauenkongresses 1930 stattfindet. Ein programmatischer Titel, der auf die Diskussionen verweist, die in und um die Frauenkunstvereinigungen der Zwischenkriegszeit über weibliche Ästhetik und Kunstschaffen von Frauen geführt werden. Mit Teilnehmerinnen aus 41 Ländern und am repräsentativsten Ort der Stadt, in der Wiener Hofburg, ist dies der größte Kongress der „Ersten Österreichischen Frauenbewegung" in der Zwischenkriegszeit. Liane Zimbler übernimmt neben der Gesamtleitung der Ausstellung auch die Gestaltung eines Gartens, eines Ruhe- sowie eines Gesellschaftsraumes, deren Gesamterscheinung vor allem von konservativen Kritikern kontrovers diskutiert wird. Nicht nur ihre Arbeiten in Kooperation mit bürgerlichen Frauenrechtlerinnen verweisen auf ihr gesellschaftliches

Engagement, sondern auch ihre vielfältigen Lehr- und Vortragstätigkeiten im In- und Ausland. Dank ihrer Vielseitigkeit und ihres offensichtlich sehr kommunikativen und verbindlichen Wesens gehört Liane Zimbler trotz Wirtschaftskrise zu den meistbeschäftigten Architekten mit klarem Schwerpunkt auf Innenarchitektur. Ihren beruflichen und persönlichen Erfolgen steht in den Dreißigerjahren der allgemeine österreichische Antisemitismus mit öffentlichen Anfeindungen und antijüdischer Propaganda entgegen. Sehr bald ist sich Liane Zimbler der Gefahr bewusst, in der sie sich als Jüdin befindet. Ob sie schon mit Blick auf eine mögliche Emigration die Prüfung als Ziviltechnikerin anstrebt, die sie im Februar 1938 schließlich noch ablegen kann, ist nicht mehr nachvollziehbar. Sie ist damit jedenfalls die erste Österreicherin, die diesen Titel trägt. Wenig später emigriert Liane Zimbler mit ihrer Familie über London nach Kalifornien in die Vereinigten Staaten. Dank ihres internationalen sozialen Netzwerkes und ihrer vielfältigen Fähigkeiten gelingt es ihr vergleichsweise schnell, unter anderem gemeinsam mit Anita Toor, wieder ein eigenes Atelier für „Interior Design" zu führen und damit trotz zahlreicher Schwierigkeiten eine neue Existenz aufzubauen. Sie tritt auch hier verschiedenen Vereinigungen bei, hält Vorträge und gestaltet Ausstellungen. Liane Zimbler arbeitet bis ins hohe Alter als Architektin und stirbt 1987 mit 95 Jahren. Sie kehrt nicht mehr nach Österreich zurück und äußert sich in ihren letzten Lebensjahren ihrer Tochter Eva gegenüber enttäuscht und bitter über die Tatsache, dass vonseiten des österreichischen Staates nach dem Krieg weder eine Einladung noch Anerkennung ausgesprochen wurde.

Kennen Sie Künstlerinnen?

Schräg gegenüber der Technischen Universität Wien und der Karlskirche befinden sich das im Stil der „griechischen Renaissance" von Theophil Hansen erbaute und 1870 eröffnete Gebäude der „Gesellschaft der Musikfreunde in Wien" sowie das 1868 unter der Leitung des Architekten August Weber fertig gestellte Künstlerhaus. Beide Häuser werden von Vereinen betrieben, die ihre Wurzeln im Streben des Bürgertums und der von ihnen geförderten Künstler nach unabhängigen Organisationsformen und selbstverwalteten Orten für Kunst sehen. 1861 konstituiert sich die „Gesellschaft bildender Künstler Österreichs" als Standesvertretung von Malern, Bildhauern und Architekten. Nur zwei Jahre nach Eröffnung des Künstlerhauses wird das fortan nur mehr „Musikverein" genannte Konzerthaus am 6. Jänner 1870 mit einem feierlichen Konzert eröffnet. So sehr sich beide Häuser der Selbstverwaltung und in gewissem Maße auch demokratischen Strukturen verbunden fühlen, so lange dauert es in beiden Institutionen, bis Frauen als Künstlerinnen zugelassen und als gleichwertig akzeptiert werden.

Auch die Künstler der Wiener Secession am anderen Ende des Karlsplatzes, die sich als besonders avantgardistisch und modern sehen, sind, was Kunst schaffende Frauen und Mitarbeiterinnen anbelangt, damals ebenso rückschrittlich konservativ wie ihre Kollegen im Künstlerhaus, von denen sie sich 1897 demonstrativ als avantgardistische Abspaltung distanziert haben. Zwar findet sich in den Statuten all dieser Künstlervereinigungen kein explizites Aufnahmeverbot für Frauen, den Künstlerinnen wird dennoch lange der Zugang verwehrt. Eine einzige Frau ist im

Künstlerhaus kurzfristig ordentliches Mitglied: die Malerin Mathilde Esch. Sie tritt jedoch ohne Angabe von Gründen 1863 wieder aus. Danach bleiben die Herren fast hundert Jahre unter sich. Nicht zuletzt auch deshalb, damit sie sich im Casino des Künstlerhauses, das zur entspannenden Vergnügung eingerichtet wird, „... ungezwungen, ungestört und leger unter sich bewegen" können, wie in den Protokollen der Vereinssitzungen nachzulesen ist. Hans Makart, in der Literatur der Jahrhundertwende als „Malerfürst der Ringstraßenära" bis heute verherrlicht, ist von 1880 bis 1882 Präsident des Künstlerhauses. Er verweigert den Frauen sogar explizit den Besuch der Ausstellungseröffnungen, mit dem Verweis, „... dass zur feierlichen Eröffnung der internationalen Kunstausstellung Damen keinen Zutritt haben". Noch in den Fünfzigerjahren werden Frauen nicht zugelassen. So wird beispielsweise anlässlich der Festveranstaltung zum neunzigjährigen Jubiläum der Künstlergesellschaft im Protokoll der Monatsversammlung vom 15. November 1951 festgehalten: „In der Einladung steht ,Nur für Herren' aus Raummangel. Es ist vorgesehen, für die Frauen unserer Mitglieder und sonstige Gönnerinnen unseres Hauses einen zweiten Abend nach dem offiziellen Fest zu veranstalten." Der Ausschluss der Frauen führt zum Protest der Nationalratsabgeordneten Marianne Pollak, die bei dieser Gelegenheit auch die Aufnahme von Künstlerinnen in den Verein fordert. Ihre Kritik bleibt jedoch weitgehend ungehört. Auch wenn mittlerweile einige fortschrittliche Mitglieder des Vereins die Aufnahme von Kolleginnen befürworten und dies in den Sitzungen aktiv vorantreiben, wird es bis zur tatsächlichen Öffnung des Künstlerhauses für Frauen noch bis 1961 dauern. Erst dann werden Eva Mazzucco, Elsa Olivia Urbach,

Luise Wolf, Gertrude Fronius, Margarete Bistron-Lausch und Ilse Pompe-Niederführ aufgenommen. Dass Frauen bis zu diesem Zeitpunkt im Künstlerhaus völlig fehlen, kann dennoch nicht behauptet werden. Sie treten als fördernde und vermögende Gönnerinnen des Hauses auf und werden in dieser Rolle von den Männern durchaus willkommen geheißen. Auf Anregung Carl Molls werden sie mit einer Gedenktafel im Treppenhaus als „Frauen Wiens" geehrt. Entgegen der sonst üblichen sichtbaren Auflistung aller Ehrenmitglieder und Sponsoren werden sie mit der Verallgemeinerung „Frauen Wiens" jedoch nicht namentlich erwähnt und bleiben damit weiterhin unsichtbar – ganz im Sinne männlicher Vorstellungen, eine bescheidene Muse im Hintergrund zu haben, die dem Künstler das Rampenlicht und die volle Aufmerksamkeit des Publikums nicht streitig machen kann. Zugleich stellen die Künstlerhaus-Künstler in gönnerhafter Manier Frauen immer wieder Räume zur Präsentation ihrer Arbeiten zur Verfügung. Die Entscheidungen der jeweiligen Jury in Bezug auf die Zulassung von Künstlerinnen in den Ausstellungen bleiben jedoch noch lange undurchsichtig und willkürlich. Malerinnen wie Tina Blau, die in Reaktion darauf an der Akademie der bildenden Künste – erst 1920 werden Studentinnen zugelassen – Zeichen- und Malunterricht für Mädchen anbieten, können gegen Bezahlung der Licht- und Heizungskosten ihre Kurse im Künstlerhaus abhalten. Die Vorteile einer vollen Mitgliedschaft und der damit verbundene Zugang zum Kunstmarkt bleiben Tina Blau, trotz der internationalen Anerkennung ihrer Werke versagt. Die Frauen reagieren auf diesen unsichtbaren, aber spürbaren Ausschluss schließlich mit der Gründung eigener Künstlerinnenvereinigungen. Trotz viel beachteter, qualitätsvoller

Ausstellungen und internationaler Anerkennung einiger Künstlerinnen führen die kreativen Leistungen von Frauen nicht zur Aufnahme in den Olymp der Künstlervereinigungen. So nimmt die Wiener Secession erst 1945 die erste Frau als Mitglied auf, und erst 1964 wird Hildegard Joos ebendort die erste Einzelausstellung gewidmet. Das Künstlerhaus wiederum wird die Gründung eigener Künstlerinnenvereinigungen und selbstorganisierte Ausstellungstätigkeiten von Frauen als weitere Argumente für den Ausschluss der Künstlerinnen verwenden. So wird kurz nach der Gründung der „Vereinigung bildender Künstlerinnen Österreichs" die Entscheidung getroffen, dass Doppelmitgliedschaften nicht erlaubt sind. Demnach können Frauen, die in Künstlerinnenvereinen organisiert sind, nicht zugleich Mitglied im Künstlerhaus werden. Die subtilen Methoden der Macht privilegierter Männer lassen sich an diesem Beispiel besonders gut ablesen. Ungeniert offen hingegen wird den Künstlerinnen laufend Dilettantismus in ihrer Kunst unterstellt. In männerbündischer Kooperation mit frauenfeindlichen Journalisten werden Kunstwerke von Frauen immer zuerst an ihrer „Weiblichkeit" gemessen, bevor ernst zu nehmende Kunstkritik geäußert wird. Meist wird lange über das Aussehen der Künstlerin referiert, bevor ihr Werk in den Blick genommen wird. Der Kunstkritiker Arthur Roessler, in der Jahrhundertwende-Literatur ebenfalls viel gerühmt, als Förderer und Mäzen von Egon Schiele, geht sogar so weit, Frauen die Fähigkeit Kunst zu schaffen völlig abzusprechen: „Die Bilder von Tina Blau vermitteln uns deutlich die truglose Erkenntnis, dass die Frau auch als Künstlerin, ebenso wie das Weib, vom Manne befruchtet werden muss, wenn sie hervorbringen und gebären will und soll. Was sie als Weib gebärt, ist des Mannes Kind, und was sie als Künstlerin hervorbringt, ist des Mannes Kunst. Die Frau hat keine eigene Kunst." Derartige Aussagen wagen Kunstkritiker heute wohl nicht mehr, wenngleich zu beobachten ist, dass Kunstwerke von Frauen immer noch mit Blick auf ihre weiblichen Lebensrealitäten rezipiert und interpretiert werden. Malende Frauen werden nach wie vor nicht in dem Maße ernst genommen wie es der Qualität ihrer Kunst entsprechen würde. In den Kommentaren finden sich, laut Robert Fleck, drei Varianten der Beurteilung: „Eben eine Frau – wenigstens eine Frau – so gut wie ein Mann." Werke von Künstlern hingegen werden selten unter dem Aspekt ihrer Männlichkeit oder der Auswirkungen männlicher Sozialisation auf ihre Kunst kommentiert. Hier wirkt nachhaltig der Geniekult der Kunst, entstanden im 18. und 19. Jahrhundert mit seiner Behauptung, wahre Kunst hätte nichts mit sozialen, wirtschaftlichen und politischen Rahmenbedingungen der Kunstschaffenden zu tun. „Kunst hat kein Geschlecht" wird vollmundig von beiden Geschlechtern behauptet, wenngleich sämtliche Analysen und Forschungen feministischer Kunsthistorikerinnen und Studien zur sozialen Lage von Künstlerinnen und Künstlern das Gegenteil beweisen.

Der Zweiten Frauenbewegung in den Siebzigerjahren des zwanzigsten Jahrhunderts und den feministisch Forschenden (gemeinsam mit einigen wenigen aufgeschlossenen Männern des Künstlerhaus-Vereins) ist es zu verdanken, dass das Wiener Künstlerhaus schließlich doch noch zu einem Ort weiblichen Kunstschaffens wird. Mit dem Rückenwind der Frauenbewegung treten 1977 13 Künstlerinnen dem Verein bei, 1978 sind es weitere zehn und 1983 zwölf Frauen. Und sie nützen das Haus nicht nur für die Präsentation ihrer Werke, sondern sie diskutieren hier neben weiblichen Kunstbegriffen und weiblicher Ästhetik auch gesellschaftspolitische Fragen. So finden in den Achtzigerjahren zahlreiche Veranstaltungen meist anlässlich des Internationalen Frauentages statt, unter anderem gemeinsam mit der damaligen Frauenstaatssekretärin und späteren ersten Frauenministerin Johanna Dohnal. Einige Künstlerinnen wie zum Beispiel Linda Christanell oder Ingrid Opitz, beide seit 1980 ordentliche Mitglieder des Künstlerhauses, sind Aktivistinnen der Frauenbewegung und thematisieren Benachteiligung und Unterdrückung von Frauen mit den Mitteln ihrer Kunst. In avantgardistischen Filmarbeiten und Performances wird der weibliche Körper als „Austragungsort gesellschaftlicher Unterdrückung" und als Kunstmedium eingesetzt. Die Künstlerinnen geben damit neue Richtungen vor und verändern die Maßstäbe der Kunst. Zahlreiche künstlerische wie thematische Tabus der selbstzufriedenen, meist männlichen Kunstszenen und Kunstmärkte werden damit nachhaltig kritisiert. Auch wenn der Mythos der Abgehobenheit (männlicher) Genie-Kunst von realen zwischenmenschlichen Welten und den darin eingeschriebenen Machtverhältnissen nicht völlig beseitigt ist und in regelmäßigen Abständen wiederbelebt wird, ist es den österreichischen Künstlerinnen dennoch ein Stück weit gelungen, ihre Positionen, Techniken und Sichtweisen in die Künstlervereinigungen hineinzutragen und damit in die Kunstgeschichte einzuschreiben.

Wenn Sie aus dem Künstlerhaus treten, geht es nach rechts. Überqueren Sie die Akademiestraße und gehen Sie weiter bis zur Kärntner Straße, in die Sie erneut rechts einbiegen. Nach wenigen Metern sehen Sie auf der anderen Seite der Ringstraße die Wiener Staatsoper.

Kennen Sie Philharmonikerinnen?

Wer an Staatsoper und Frauen denkt, hat Sängerinnen und Operndiven, vielleicht die Tänzerinnen des Staatsopernballetts oder Szenen des Opernballs vor Augen. Musikerinnen des Staatsopernorchesters werden kaum in den Sinn kommen, und nur Eingeweihte können die Namen der Pionierinnen in dieser Männerbastion nennen. Vielleicht fällt der Name Simone Young als eine der wenigen Frauen, die das Staatsopernorchester bisher dirigieren konnten. Eine Direktorin hatte die Wiener Staatsoper noch nie. Die Geschichte der Musikerinnen an der Wiener Oper scheint eine nahezu unendliche Geschichte des Ausschlusses zu sein, mit einigen wenigen Fortschritten.

1842 beginnt diese Geschichte, d. h. eigentlich die Geschichte der Wiener Philharmoniker, die untrennbar mit jener der Wiener Staatsoper verbunden ist. Am 28. März 1842 findet das erste Philharmonische Konzert in Wien statt. Bis dahin gibt es kein aus Berufsmusikern bestehendes Orchester, mit einer Ausnahme: den Musikern der kaiserlichen Hofoper, damals Kärntnerthortheater genannt. Otto Nicolai, 1841 als Kapellmeister an das Theater berufen, dirigiert dieses legendäre Konzert und unterstützt in der Folge die Idee der Gründung eines selbstverwalteten, demokratisch organisierten Vereins von Berufsmusikern. Ziel dieser neuen Form des Zusammenschlusses ist es, in Eigenregie Konzerte organisieren zu können und künstlerisch „die technisch und musikalisch einwandfreie Wiedergabe klassischer symphonischer Werke (zu ermöglichen)". 1908 wird ein behördlich genehmigter Verein gegründet, in dessen Vereinsstatuten die Grundprinzipien der Wiener Philharmoniker festgelegt werden: Nur Musiker der Hofoper (heute Staatsoper) können Mitglieder der Philharmoniker werden. Künstlerische, organisatorische und finanzielle Belange werden in demokratischer Weise durch die Hauptversammlung der aktiven Vereinsmitglieder entschieden. Gerade diese Verknüpfung mit dem Staatsopernorchester und die Struktur der philharmonischen Organisation werden in den darauffolgenden Jahrzehnten zwei der Ursachen für den nachhaltigen Ausschluss von Musikerinnen sein, und seit den Neunzigerjahren sind es die Hauptargumente der Philharmoniker, warum keine oder nur sehr wenige Frauen aufgenommen werden. Seitens des Staates können an einen unabhängigen Verein keine Bedingungen bezüglich dessen Aufnahmepolitik gestellt werden, umso weniger, da es sich um einen künstlerischen Verein handelt, dessen Aufnahmekriterien vor allem musikalisches Talent und künstlerische Fähigkeiten umfassen, die nicht durch politische Maßnahmen beeinflusst werden können. Zumindest wird es so von den Philharmonikern dargestellt. Das hohe demokratische Gut der Selbstverwaltung und die künstlerische Qualität sollen auf diese Weise garantiert bleiben. Ein schöner Gedanke, doch ganz so einfach ist es nicht. Die Unabhängigkeit der Philharmoniker stellt sich bei genauerer Betrachtung als relativ heraus. Alle Musiker (und mittlerweile auch Musikerinnen) müssen sich laut Vereinsbeschluss aus dem Jahr 1972 mindestens drei Jahre lang im Staatsopernorchester bewährt haben, um einen Antrag zur Aufnahme in den „Olymp der Philharmoniker" stellen zu können. Ihre Dienste als Musiker und Musikerinnen im Staatsopernorchester werden bis dahin von Steuergeldern bezahlt, weshalb der Staat hier durchaus Mitspracherecht in der Auswahl des Personals einfordern könnte. Zudem erhalten die Philharmoniker als Verein hohe staatliche Förderungen, die vertraglich festgelegt sind. Seit 2002 wird den Philharmonikern ein jährlicher Pauschalbetrag in Millionenhöhe zugestanden. Der Kunstbericht 2010 weist eine Summe von 2,2 Millionen Euro aus. Ein erstaunlich hoher Betrag angesichts der Tatsache, dass die Wiener Philharmoniker dank ihrer Popularität, ihrer Qualität und ihrer Geschäftstüchtigkeit mit Schallplatten- und CD-Einspielungen, Filmaufnahmen, Konzertreisen und nationalen wie internationalen Abonnementkonzerten Millionengewinne lukrieren. Begründet wird die großzügige Förderung dieses Orchesters mit dessen Rolle als „Kulturexportartikel" und „musikalischer Botschafter Österreichs" sowie der damit verbunden Verpflichtung „zur Erhaltung und Anknüpfung nicht nur kultureller, sondern auch politischer und wirtschaftlicher Kontakte in aller Welt beizutragen". Die Philharmoniker selbst sehen sich als „Botschafter des mit Musik untrennbar verbundenen Gedankens von Frieden, Humanität und Versöhnung". Die Versöhnung mit dem weiblichen Geschlecht ist jedoch bisher nur unter größtem öffentlichen Druck und nach über hundertfünfzig Jahren gelungen.

Die ersten, die es wagen, diese hundertprozentige Männerquote zu kritisieren, sind die Vertreterinnen der „Arbeitsgruppe Frauenrechte Menschenrechte", aber auch einzelne Wissenschaftlerinnen im In- und Ausland. Sie fordern 1994 in einem offenen Brief die Philharmoniker zu einer Stellungnahme zum Thema Frauenquote auf. Der damalige Orchestervorstand Werner Resel versucht die Kritik zunächst mit arbeitsrechtlichen Begründungen abzuwehren: „Frauen im Orchester würden die künstlerisch-vertretbare Limitierung überschreiten". Altbekannte „Ausreden" wie das Fehlen von Toiletten und Garderoben sind im Zuge der Debatte ebenso zu hören wie die Behauptung, die Anstrengung der Konzertreisen könne Frauen nicht zugemutet werden und die Unterbrechung ihrer Karriere durch Mutterschaft wäre nicht vereinbar mit den Anforderungen des hochkarätigen Orchesters. Dass auch Musiker längere Zeit fehlen können, zwar aus anderen Gründen, wie z. B. Krankheiten, Unfälle oder die Annahme von Gastprofessuren im Ausland, und ebenfalls über längere Zeiträume hinweg ersetzt werden müssen, wird nicht bedacht. 1996 gibt Rudolf Scholten, ehemals Minister für Wissenschaft, Verkehr und Kunst, eine Prüfung durch den Verfassungsdienst des Kanzleramtes mit der Frage in Auftrag, ob den Philharmonikern staatliche Förderungen aufgrund ihrer Weigerung, Frauen aufzunehmen, gestrichen werden können. Zusätzlich wird überprüft, inwiefern das Gleichbehandlungsgesetz auf das Orchester der Wiener Staatsoper angewandt werden kann. Die Philharmoniker geraten mehr und mehr unter Druck, nicht nur in Österreich, sondern auch im Ausland. Die „International Alliance for Women in Music" kritisiert das Orchester. Zahlreiche Boykottaufrufe für die geplanten Tourneen 1997 in den Vereinigten Staaten werden laut. Der Ton der Debatte wird zunehmend schärfer, einige Philharmoniker versteigen sich in Interviews mit der Presse zu diskriminierenden Aussagen. Von falsch verstandenen Menschenrechten ist die Rede, und der Verlust der „emotionalen Geschlossenheit" des Orchesters wird befürchtet. Dass diese Aussagen nahezu harmlos wirken, wird deutlich, werden sie mit den orchesterinternen Kommentaren verglichen, die abseits der Medienöffentlichkeit zu hören sind, wie die Harfenistin Anna Lelkes berichtet. So habe einer ihrer Kollegen die Frauenfrage mit den folgenden Worten kommentiert: „Bei den Sängerknaben sind auch keine Frauen und bei den Lipizzanern auch keine Schweine …" Anna Lelkes erzählt dies während eines Interviews, nachdem die Philharmoniker dem Druck der Öffentlichkeit bereits nachgeben haben: Sie wird als erste Frau zur Philharmonikerin ernannt. Bis dahin gelingt es den Philharmonikern in der Staatsoper 129 Jahre unter sich zu bleiben. In ihrem Verein bleiben die Philharmoniker sogar 152 Jahre unter Männern. Die verpflichtenden drei Jahre im Staatsopernorchester und den Beweis ihrer künstlerischen Fähigkeiten hat Anna Lelkes längst erbracht: Sie ist seit 1971 die einzige Musikerin im Staatsopernorchester. Ihr Name wird in den über zwanzig Jahren ihrer Tätigkeit „weder in den Programmen der philharmonischen Konzerte noch bei jenen der Salzburger Festspiele angeführt". Offiziell wird ihre Person und ihre Arbeit bis zu ihrer Aufnahme in das „philharmonische Paradies" geleugnet. Erst drei Jahre nach der Pensionierung Anna Lelkes im Jahr 2001 folgt ihr Charlotte Balzereit nach, ebenfalls Harfenistin, und es dauert weitere drei Jahre, bis sie eine Kollegin bekommt. In der nächsten Zeit werden zwar weitere weibliche Musiker aufgenommen, die Frauenquote übersteigt jedoch nicht die Zehn-Prozent-Grenze. In einer parlamentarischen Anfrage 2007 wird festgehalten, dass der Anteil von zwei Frauen 1997 in zehn Jahren auf sechs Frauen gestiegen ist. Ein langsamer Fortschritt. 2011 ist die Anzahl der Musikerinnen – laut Auskunft des Historischen Archivs der Philharmoniker – gleichbleibend, mit einem großen, qualitativen Unterschied: Albena Danailova nimmt als erste Frau die Position der Konzertmeisterin (zusammen mit drei männlichen Kollegen) ein und übt damit eine der bedeutendsten Funktionen im Orchester aus. Nach ihrer Aufnahme wird sie zum Medienstar als erste Frau an der ersten Geige. Sie selbst kommentiert diese Tatsache als „historisches Faktum, nicht mehr und nicht weniger", und obwohl sie die Philharmoniker als Männerorchester bezeichnet, betont sie, dass ihr ausgezeichnetes Probespiel und ihre künstlerische Leistung ausschlaggebend für ihre Berufung in diese Position waren. Selbstverständlich war ihre musikalische Leistung entscheidend, diese auch anzuerkennen ist jedoch eine bewusste Entscheidung des Gremiums der Philharmoniker. Die ständig wiederholte Behauptung, es würde nur Leistung zählen, lässt die Frage offen, warum von den ausgezeichneten Absolventinnen der internationalen Musikhochschulen und -universitäten nur so wenige die Aufnahme in das Staatsopernorchester schaffen. Im Umkehrschluss würde das bedeuten, ihre Ausbildung ist mangelhaft. Die hochqualifizierten Musikerinnen in anderen, weniger verschlossenen Orchesterformationen belegen das Gegenteil, auch die Aufnahme von Albena Danailova in das Orchester der Philharmoniker.

Es ist eine politische Entscheidung, gut ausgebildeten Frauen den Zugang zu einem der besten und bestdotierten Orchester der Welt zu ermöglichen, und es braucht, wird dieser Zugang nicht gewährt, Maßnahmen wie Bewusstseinsbildung, Gesetze und im Notfall auch Sanktionen. Die Gesetze sind mittlerweile vorhanden, auch ein vorbildlicher Gleichbehandlungsplan ist für die Staatsoper ausgearbeitet, allein es fehlt noch am Bewusstsein. Die Tür ist mit der Zulassung der ersten Frauen bei den Philharmonikern einen Spalt weit geöffnet. Es ist nun höchste Zeit, den fähigen Frauen, die in gleicher Zahl wie Männer vorhanden sind, dieselben Möglichkeiten zu bieten und sie in ihrem Können anzuerkennen und zu würdigen, damit die Philharmoniker zu Botschaftern der besten musikalischen Qualität unabhängig von männlichen Ressentiments gegen weibliches Kunstschaffen werden. Erst wenn die Hälfte des Orchesters aus Frauen besteht, sind die Philharmoniker in diesem Elysium angekommen.

Um über die allgemeine Geschichte des Opernhauses zu erfahren, bietet es sich an, eine Führung durch das Gebäude zu buchen (Die Führungstermine finden sich auf der Website der Staatsoper) oder das nahegelegene Staatsopernmuseum zu besuchen.

Wiener Staatsoper
1010, Opernring 2
www.wiener-staatsoper.at

Staatsopernmuseum
1010, Hanuschgasse 3
Öffnungszeiten: Di–So 10.00–18.00 Uhr

Vereinigung bildender Künstlerinnen Österreichs

Hinter der Wiener Staatsoper beginnt die Fußgängerzone der Kärntner Straße. Eine Quergasse auf der linken Seite beherbergt bereits eine weitere bedeutende frauenhistorische Adresse. Im Dachgeschoss des Hotels Astoria (Maysedergasse 2) befindet sich bis heute die 1910 gegründete „Vereinigung bildender Künstlerinnen Österreichs". Das Jahr der Gründung ist sowohl für die Erste Frauenbewegung in Österreich als auch für die Künstlerinnenvereinigung ein besonders bedeutsames: Das Vereinsverbot für Frauen wird am 10. Juni 1910 im Abgeordnetenhaus aufgehoben. Bis dahin ist es Frauen untersagt, politische Vereine zu gründen und somit öffentlich für ihre Interessen einzutreten. Auch die Entscheidung der zweiten internationalen, sozialistische Frauenkonferenz in Kopenhagen am 26. und 27. August, jährlich einen Frauentag abzuhalten, um weltweit für die Rechte der Frauen einzutreten, fällt in diesem Jahr und erfährt deutliche Resonanz in Österreich. Schon am 19. März 1911 findet auf der Wiener Ringstraße mit 20.000 Teilnehmerinnen und (einigen wenigen) Teilnehmern die erste große Frauendemonstration statt.

Es ist durchaus denkbar, dass sich die bürgerlich-adeligen Gründerinnen der „Vereinigung der bildenden Künstlerinnen" durch die Aktivitäten und Forderungen der Ersten Frauenbewegung ermutigt und bestärkt fühlen, als Antwort auf den nahezu gänzlichen Ausschluss von Frauen aus dem regulären Kunstgeschehen eine eigene Künstlerinnen-Organisation ins Leben zu rufen. Dennoch: In gewisser Weise bleibt diese Gründung eine

Eingang zur „Vereinigung bildender Künstlerinnen Österreichs"

unfreiwillige. Immer wieder äußern sich Künstlerinnen besorgt darüber, dass ihre Kunst durch Ausstellungen in eigenen Frauenräumen abgewertet werden könnte. Sie wollen sich fair mit ihren Künstlerkollegen messen und ihre Werke nur nach deren Qualität beurteilt wissen. Ein hehrer Wunsch, der jedoch selten erfüllt wird. Trotz dieser Bedenken organisiert die Vereinigung unter der Leitung von Olga Brand-Kriehammer die viel beachtete und äußerst erfolgreiche retrospektive Ausstellung „Kunst der Frau". Dank der großzügigen Unterstützung des vermögenden Bürgertums und einiger adeliger Familien können die finanziellen Mittel, die für die Raummiete der Wiener Secession und Ausstellungsplakate sowie die Produktion eines Kataloges benötigt werden, tatsächlich aufgebracht werden. Ambitioniertes Ziel der Ausstellung ist es, einen repräsentativen Überblick über das weltweite weibliche Kunstschaffen zu zeigen. Werke von Sofonisba Anguissola, Angelika Kauffmann, Elisabeth Vigée-Lebrun werden ebenso präsentiert wie jene von Zeitgenossinnen, darunter Olga Wisinger-Florian, Tina Blau und Käthe Kollwitz. In der Zeit vom 5. November 1910 bis zum 8. Jänner 1911 besuchen 11.915 Kunstinteressierte die Ausstellung und 56 Werke werden verkauft. Weitere Ausstellungen folgen in den Räumlichkeiten des Hagenbundes, der damals beliebten Zedlitzhalle in der Wiener Innenstadt sowie in den eigenen Räumlichkeiten der Vereinigung, wobei erneut mit Künstlerinnen aus anderen Ländern, dieses Mal aus Frankreich und Ungarn, kooperiert wird. Für die Künstlerinnen wirken diese Erfahrungen ermutigend. In den nächsten Jahren werden neben Malerinnen auch Bildhauerinnen, Architektinnen und Absolventinnen der Kunstgewerbeschule in die Vereinigung aufgenommen.

Die nachkommenden jüngeren und progressiveren Künstlerinnen, die sich vor allem rund um die Malerin und Grafikerin Fanny Harlfinger scharen, zeigen sich sowohl in ihrer Malweise als auch in ihren politischen Forderungen wesentlich selbstbewusster als die konservativeren Gründerinnen. Einige der jungen Künstlerinnen vertreten unter anderem die Idee der Wiener Werkstätten, den Lebensalltag mit Kunst zu durchdringen, und sie plädieren für ein gleichberechtigtes Miteinander der Künste. Architektur, Kunsthandwerk, Malerei sollen auf Augenhöhe miteinander kommunizieren. Elitäre Kunstbegriffe sollen demokratisiert werden, ebenso wie die Strukturen des Kunstbetriebes. 1919 richten einige Künstlerinnen aus diesen Überlegungen heraus eine fordernde Petition an das Unterrichtsministerium, worin sie Folgendes verlangen: „analog zu den männlichen Künstlervereinen eine Vertretung in dem neu zu errichtenden Kunstamt", „staatliche Förderung", „die Zuweisung eines geeigneten Lokals für größere Ausstellungen" sowie die „Zuerkennung von Staatspreisen, Staatsankäufen und staatlichen Subventionen" zu erhalten. Die Gruppe rund um Fanny Harlfinger, der unter anderen Helene Funke, Helene Taussig und Stephanie Hollenstein angehören, organisiert kleinere und größere ambitionierte Ausstellungen. Ihre expressionistischen Arbeiten werden von Kunstkritikern wie Adalbert Franz Seligmann abwertend als „Vangoghiade" (in der Kritik eines Werkes von Helene Funke) und als Produkte des „äußerst linken Flügels" bezeichnet. Dass nun auch Frauen Kunst neu definieren, die Mittel der Kunst anders einsetzen und mit farbenkräftigen, fauvistischen Malweisen den expressionistisch malenden Männern die Plätze auf dem engen Wiener Kunstparkett streitig machen, wird nicht gerne gesehen. Doch auch innerhalb der Vereinigung der bildenden Künstlerinnen kommt es zu Streit und schließlich zur Trennung. 1926 wird die „Wiener Frauenkunst" als eigener Verein ins Leben gerufen, der entsprechend seiner neuen Ziele Programmausstellungen gestaltet. Fanny Harlfinger formuliert die Ziele in einem Artikel der Zeitschrift „Die moderne Frau": Frauenkunst solle „modern" sein und in „enger Verbundenheit mit dem Leben" realisiert werden. Neben der Gestaltung von Wohnräumen wird auch Kleidermode ein Thema der vielseitigen Initiativen der Wiener Frauenkunst. Als besonders herausragend ist in diesem Zusammenhang die Ausstellung „Wie sieht die Frau?" unter der Leitung der Architektin Liane Zimbler (siehe S. 17) zu nennen. Trotzdem die Ausstellung ein voller Erfolg wird und obwohl im Zuge des Großereignisses mehr staatliche Unterstützungen für künstlerische Unternehmungen von Frauen als sonst bewilligt werden, schwebt über den Künstlerinnen schon der Schatten der Wirtschaftskrise, des immer stärker werdenden Antisemitismus und des autoritären Ständestaates. Viele Künstlerinnen wählen in der stark polarisierten, von politischen Kämpfen geprägten gesellschaftlichen Stimmung und angesichts der angespannten Wirtschaftslage den Weg der Anpassung an konservative Motivwünsche der noch kaufkräftigen, zunehmend reaktionären Klientel. Dass auch die Vereinigung bildender Künstlerinnen sich mit ihrer Ausstellungspolitik an die neuen Machtverhältnisse nach 1934 anzupassen versucht, ist am Titel der Ausstellung desselben Jahres abzulesen: „Kinder – Blumen – Tiere". Die wohlwollenden Kritiken der männlichen Presse, die sich freudig darüber äußert, dass die Künstlerinnen zu jenen Motiven zurückkehren,

„die dem Schaffensbereich der Malerin so nahestehen", bestätigen den neuen Konservativismus des weiblichen Kunstschaffens. So manche Künstlerin passt sich in dieser Zeit aber nicht nur stilistisch, sondern auch politisch den neuen Machthabern an, um in der Folge sogar nahtlos den Schritt zum Nationalsozialismus zu vollziehen. Eine besonders widersprüchliche Persönlichkeit, die diesen Weg genommen hat, ist hier Stephanie Hollenstein.

Soldat, Malerin, Nationalsozialistin Stephanie Hollenstein

Stephanie Hollenstein hat alle gesellschaftlichen Grenzen überschritten und ist schwer einzuordnen. Sie wechselt vorübergehend ihre Geschlechterrolle, verweigert das klassische Frauenleben und lebt finanziell unabhängig von ihrer Kunst. Gleichzeitig ist sie fasziniert von autoritären Systemen, völliger Unterordnung und Männlichkeitskult. Sie kämpft als Soldat im Ersten Weltkrieg und ist illegale Nationalsozialistin, um schließlich nach 1938 zu einer der wenigen anerkannten Künstlerinnen des nationalsozialistischen Regimes zu werden. Als expressionistische Malerin ist sie Mitglied der progressiven Gruppe „Wiener Frauenkunst" rund um Fanny Harlfinger. Wenig später übernimmt sie als Präsidentin die Leitung der „arisierten" „Vereinigung bildender Künstlerinnen" (ab 1941 „Vereinigung bildender Künstlerinnen der Reichsgaue der Ostmark").
Stephanie Hollenstein wird 1886 in Lustenau, Vorarlberg, als vierte und jüngste Tochter von fünf Kindern des

Stephanie Hollenstein als Soldat im Ersten Weltkrieg

Ehepaars Anna Maria und Ferdinand Hollenstein geboren. Der elterliche Hof sichert der Familie ein spärliches Einkommen, das immer wieder mit Akkordarbeit im Stickerei-Wesen aufgebessert wird. Stephanie Hollenstein beginnt – so wird berichtet – während des Viehhütens zu zeichnen und beschließt im Alter von 18 Jahren den elterlichen Hof in Richtung München zu verlassen. Mit ihren Natur- und Tierzeichnungen gelingt es ihr ohne Prüfung an der Königlichen Kunstgewerbeschule München aufgenommen zu werden und ihre erste künstlerische Ausbildung innerhalb von vier Jahren erfolgreich abzuschließen. Unmittelbar im Anschluss daran gründet sie ihre eigene Malschule, unterrichtet junge Frauen und Männer in Vorbereitung auf deren Aufnahmeprüfungen an den Kunstakademien und bildet sich selbst in akademischen Kursen unter anderem in Ölmalerei weiter. Es ist anzunehmen, dass Stephanie Hollenstein in dieser Zeit zahlreiche Ausstellungen mit Werken postimpressionistischer und moderner Künstlerinnen und Künstler besucht. Vor allem ihr Spätwerk der Zwanziger- und Dreißigerjahre wird als stark beeinflusst von der Kunst Vincent van Goghs interpretiert, dessen Bilder sie 1907 in einer Münchner Kunstausstellung kennenlernt. 1913 erhält Stephanie Hollenstein ein Stipendium und kann sich damit eine Studienreise nach Italien leisten. Sie besucht Venedig, Florenz und Rom. Dort nimmt sie Unterricht an der „Französischen Akademie" in der Villa Medici. Mit Ausbruch des Ersten Weltkrieges jedoch kehrt sie nach Lustenau zurück, um sich in den „Dienst für das Vaterland" zu stellen. Nach einer Sanitätsausbildung wird sie als „körperlich zu schwach" wieder entlassen und beschließt enttäuscht darüber, die Rollen zu wechseln. Mit ihrer jugendlichmännlichen Ausstrahlung und einer neuen Kurzhaarfrisur gelingt es ihr problemlos als Soldat Stephan Hollenstein bei den Vorarlberger Standschützen aufgenommen zu werden. Sie ist fast dreißig Jahre alt und wird sich in der folgenden Zeit durch ihren Mut, ihre Einsatzbereitschaft und vor allem ihre politische wie militärische Loyalität auszeichnen. Nach wenigen Monaten jedoch wird sie von ihren Vorgesetzten „enttarnt" und als Kriegsmalerin im Kriegspressequartier eingesetzt. Dank ihrer künstlerischen Fähigkeiten erfüllt sie die strengen Auflagen für „bildliche Berichterstattung im Krieg", kehrt in ihrer Funktion als Malerin wieder an die Südfront zurück, hält Kampfsituationen sowie das Soldatenleben im Krieg in ihren Bildern fest, ohne heroisierend zu wirken. In einer Serie von Bleistift- und Kohlezeichnungen porträtiert Stephanie Hollenstein Kriegsversehrte in ihrer Verletztheit und ihren Depressionen. Dieser realistische Blick auf die Auswirkungen des Krieges unterscheidet sie grundlegend von ihrer Kollegin Friederike (Fritzi) Ulreich, die ebenfalls als „Friedrich Ulrich" drei Jahre in Serbien und Rumänien an der Front als „Hilfsarbeiter" dient und Kriegsereignisse in ihren Bildern festhält. Während Ulreich den Krieg als „großes Naturereignis" bezeichnet, ist Stephanie Hollensteins Kunst eher „bodenständiger Vaterlandsliebe" zuzuordnen, wenngleich auch bei ihr die Erfahrungen des Krieges nicht wie bei anderen dazu führen, sie zu einer überzeugten Kriegsgegnerin und Pazifistin werden zu lassen. Im Gegenteil: Die Erfahrungen als Soldat und Malerin in den männlich-autoritären Militärstrukturen bilden die Basis für Stephanie Hollensteins Beitritt in die NSDAP. Hollensteins Kunst wirkt, wenn auch nicht unbedingt wegbereitend, so doch unterstützend für die nationalsozialistische Kunstauffassung. Die Kunsthistorikerin Sabine Plakolm-Forsthuber fasst treffend zusammen: „Die unverfänglichen Motive und die leichtverständliche, weil naturalistische, ja harmonisierende Wiedergabe war u. a. der Bodensatz, auf dem ständestaatliches Gedankengut aufbauen konnte und auf den später auch nationalsozialistische Kunst zurückgreifen konnte."

Zunächst aber wechselt Stephanie Hollenstein vom Kriegspressequartier in das Heeresgeschichtliche Museum nach Wien. Nach Kriegsende wendet sich die Künstlerin wieder anderen Motiven und auch anderen Gesellschaftskreisen zu. Sie lebt mit ihrer Lebensgefährtin, der Ärztin Franziska Gross, zusammen, wird Mitglied in der „Vereinigung bildender Künstlerinnen Österreichs" und gilt aufgrund ihrer Farbwahl und verzerrten Bildperspektiven als expressionistisch-progressive Künstlerin, die sich schließlich auch der fortschrittlicheren Gruppe um Fanny Harlfinger anschließt. 1931 gewinnt sie den Österreichischen Staatspreis für ein Porträt ihrer Mutter, ein Jahr später folgt ein weiterer Preis für das Gemälde „Alter Winkel aus dem Fleimstal". Es ist die eigenwillige Kombination aus leicht zugänglichen Bildmotiven mit kräftiger Inszenierung, die Stephanie Hollenstein sowohl von progressiver als auch von konservativ-nationalistischer Seite Anerkennung bringt. Ob die Tatsache, dass sie schon in den frühen Dreißigerjahren mit ihren Werken in der nationalsozialistischen Ausstellung „Deutsche Kunst" vertreten ist, zu Konflikten innerhalb der Künstlerinnenorganisation geführt hat, geht aus den vorliegenden Materialien nicht hervor. Inwiefern sich Stephanie Hollenstein aktiv für die Vertreibung ihrer jüdischen Künstlerinnen-Kolleginnen eingesetzt hat, ist ebenfalls schwer festzumachen, und ob sie die Tragweite ihrer Unterstützung eines mörderischen Regimes erfasst hat, das in der Auswirkung Enteignung, Vertreibung und Ermordung (z. B. ihrer Kollegin Helene Taussig) bedeutet hat, bleibt offen. Dokumentiert ist in jedem Fall ihre Mitgliedschaft bei der in Österreich damals noch illegalen NSDAP und die Tatsache, dass sie regimekonform die „Umgestaltung" der „Vereinigung bildender Künstlerinnen Österreichs" in ihrer Funktion als Vereinspräsidentin durchführt. Sie verfügt über gute Kontakte zu Baldur von Schirach, Reichsstatthalter und Gauleiter von Wien, sowie zu Arthur Seyss-Inquart, Reichsminister von 1939 bis 1945, die sie davon überzeugen kann, Preise für Mitglieder der Künstlerinnenorganisation auszuschreiben. Künstlerisch-politisch positioniert sie ihre modern-autoritäre Kunstauffassung an der Seite von Emil Nolde, der ebenfalls keinen unauflösbaren Wiederspruch zwischen moderner Malweise und dem „Kampf gegen Überfremdung deutscher Kunst" sieht. Im Gegensatz zu Noldes Kunst wird Hollensteins Arbeit jedoch nicht als „unzuverlässig" und „entartet" eingestuft, wenngleich ein Ansuchen auf Verleihung des Professorentitels 1942/43 abgelehnt wird, da „... nicht festzustellen (sei), dass ihr Schaffen geeignet ist, dem von ihr betreuten Kreis von Kulturschaffenden Anregungen im Sinne der vom Führer gegebenen Richtlinien zu geben." 1943 legt Stephanie Hollenstein ihren Vereinsvorsitz aus gesundheitlichen Gründen zurück und stirbt ein Jahr später an einem Herzanfall. Ihr umfangreiches Werk (94 Gemälde und über tausend Grafiken) wird in der 1961 gegründeten Hollenstein-Galerie in Lustenau aufbewahrt und ausgestellt. Mit ihrer Rolle im Nationalsozialismus beschäftigt sich die US-amerikanische Kunsthistorikerin

Evelyn Kain, die in ihren Forschungen den ungelösten Fragen rund um die widersprüchliche Figur Stephanie Hollenstein nachgeht. Auch sie stellt die Frage, wie es möglich ist, dass eine derart unkonventionelle Frau, die in vielerlei Hinsicht die Normen der Gesellschaft überschreitet, gleichzeitig bereit sein kann, sich einem autoritär-mörderischen System zu unterwerfen, das absolute Konformität und Anpassung fordert, und jene, die von der nationalsozialistischen Norm abweichen, ermorden lässt.

Trotz aller Widerstände
Helene von Taussig

Auch Helene Taussig überschreitet mit ihrem Lebensentwurf die Grenzen ihrer Herkunft und ihre Rolle als Frau, sowohl in privater als auch in beruflicher Hinsicht. Lange Jahre von ihrem Vater, dem Bankier Theodor Ritter von Taussig, behindert, der ihren Wunsch, Künstlerin zu werden, strikt ablehnt, kann sie erst nach dessen Tod 1909 ihrem Berufstraum nachgehen. In dem Schweizer Maler Cuno Amiet findet sie einen aufmerksamen und liebevollen Lehrer und Mentor, bei dem sie 1910 auch einige Zeit mit ihrer Lebensgefährtin Emma Schlangenhausen in Oschwand im Kanton Bern verbringt. Einem Brief ihrer Mutter Sidonie von Taussig an Cuno Amiet ist zu entnehmen, dass diese ihre Tochter durchaus in ihren künstlerischen Ambitionen unterstützt, wenngleich auch die Zweifel der Mutter an der Berufung ihrer Tochter herauszulesen sind: „Ich habe mich außerordentlich gefreut, dass Sie meiner Tochter Helene für die Zukunft eine so gute Prog-

Männliche Aktstudie von Helene von Taussig (1932)

nose stellen und dieselbe für begabt halten. Jedenfalls hat sie sehr viel Fleiß und fühlt sich in Oschwand und ihrem gastlichen Hause sehr wohl ..." Helene Taussig verbringt die darauffolgenden vier Jahre mit Emma Schlangenhausen im Zuge eines Studienaufenthalts in Paris und kehrt in der Zwischenkriegszeit immer wieder dorthin bzw. nach Oschwand zu Cuno Amiet zurück. In dieser Zeit erhält sie zahlreiche Anregungen aus den Stilrichtungen des Fauvismus, Kubismus und Expressionismus. Auch konstruktivistische Tendenzen, die abstrakte Formen erzeugen, lassen sich in ihren Bildern, vor allem in den Aktzeichnungen, erkennen. Helene Taussig arbeitet genau und lange an ihren Bildern, die in ihrer farblichen Expressivität eine Sonderstellung in der österreichischen Kunst einnehmen. In einer ihr eigenen Weise verarbeitet sie die Anregungen aus Frankreich, die sie in aussagekräftigen Zeichnungen und Gemälden umsetzt. Während des Ersten Weltkrieges arbeitet Helene von Taussig zwischen 1915 und 1918 als Rotkreuzschwester an der Isonzo-Front. Nach Kriegsende lässt sie sich in Anif bei Salzburg nieder und führt gemeinsam mit ihrer Lebensgefährtin Emma Schlangenhausen ein sehr zurückgezogenes Leben. Briefen ihrer Kollegin Maria Cyrenius sind zu entnehmen, dass ihr Rückzug mit den Kriegserfahrungen und dem Tod einer gemeinsamen Freundin, der Bildhauerin Hilde Exner, der sie offensichtlich sehr nahegestanden war, zu erklären ist. Ende der Zwanzigerjahre geht sie mit ihren Arbeiten wieder an die Öffentlichkeit. 1927 werden ihre Werke erstmals im Künstlersaal des Salzburger Schlosses Mirabell und im Rahmen einer Ausstellung der Künstlerinnenvereinigung „Wiener Frauenkunst" in Wien gezeigt. Wesentlich erfolgreicher ist sie in Paris und Den Haag, wo sie ihre Arbeiten in Einzelausstellungen präsentieren kann. 1934 lässt sich Helene von Taussig von Otto Possinger ein avantgardistisches Atelierhaus in Anif gestalten, in dem sie mit Emma Schlangenhausen lebt und das sie schließlich durch Zwangsenteignung verliert. – Zwei Nationalsozialisten entwickeln Begehrlichkeiten für das Haus: 1939 bewirbt sich Siegfried Hummer um ihr Haus, seit 1933 Mitglied der Landesleitung der illegalen NSDAP. Auch Franz Wojtek, Hofrat und frühpensionierter nationalsozialistischer Vermögens- und Gebäudeverwalter, beginnt, das Haus der Künstlerin für sich zu beanspruchen. Er erhält Unterstützung seines Schwiegersohns Kajetan Mühlmann, ehemaliger Staatssekretär im Ministerium für Inneres und Kultur mit guten Kontakten in das zuständige Reichswirtschaftsministerium. Mühlmann wird später als einer der „größten Kunsträuber" bezeichnet. Die „Zwangsentjudung" wird dank seiner Interventionen von höchster Stelle genehmigt und Wojtek übernimmt Helene Taussigs Haus mit einem Kaufvertrag, der die Enteignung als rechtmäßigen Kaufakt erscheinen lässt. Wenig später wird sie aus Anif ausgewiesen und flüchtet nach Wien, wo sie zunächst in einem Zimmer im Karmeliterinnenkloster St. Josefsheim in der Töllergasse 15 in Floridsdorf Aufnahme findet. 1942 jedoch wird Helene Taussig in das Lager Izbica nach Polen deportiert und ermordet.

Einige der Werke Helene Taussigs sind dank des Salzburger Malers Wilhelm Kaufmann erhalten, dem sie kurz vor ihrer erzwungenen Übersiedlung ungerahmte Bilder anvertraut hat. 1988 übergibt Kaufmann die zusammengerollten Leinwände dem Salzburger Museum Carolina Augusteum. Es sind nicht viele Werke: Bis auf 22 Bilder, von denen sich drei in Privatbesitz befinden, gilt das

Weibliche Aktstudie von Helene von Taussig (1932)

Gesamtwerk Helene Taussigs als verschollen. 1991 präsentiert das Museum Helene Taussigs Arbeiten im Rahmen der Ausstellung „Salzburger Künstlerinnen" erstmals wieder. 2011 wird von der Restitution der Bilder an die Nachkommen der rechtmäßigen Erben durch das Salzburger Museum berichtet. Laut Provenienz-Forscherin Susanne Rolinek hat Helene Taussig ihre Nichten als Erbinnen eingesetzt. Die Rückgabe der Bilder ist ein späterer Akt der Bewältigung einer Geschichte der besonders rücksichtslosen Enteignung, wie sie in Salzburg stattgefunden hat, mittlerweile von Historikern und Historikerinnen akribisch recherchiert und dokumentiert.

Auch die nach wie vor aktive „Vereinigung bildender Künstlerinnen Österreichs" beschäftigt sich mit der Aufarbeitung der Geschichte jener Künstlerinnen, die im Nationalsozialismus enteignet, verfolgt und ermordet wurden. Seit 1994 bemüht sich die aktuelle Präsidentin des Vereins Rudolfine Lackner gemeinsam mit Sabine Pla-

kolm-Forsthuber und Sabine Harik die gesamte Vereins-
geschichte aufzuarbeiten. Mittlerweile ist das vorhande-
ne historische Material der Vereinigung in 241 Akten
einer interessierten Öffentlichkeit zugänglich. Zugleich
bemüht sich Rudolfine Lackner die Vereinigung in der
heutigen Künstlerinnenszene feministisch und international zu positionieren. Mit Ausstellungen, Workshops und
Performances zahlreicher Künstlerinnen gelingt es ihr,
die Künstlerinnenvereinigung wieder zu beleben. Anlässlich des hundertjährigen Jubiläums entsteht 2010/11 eine
vielfältige Festschrift mit zahlreichen prominenten Autorinnen der heutigen Kunst- und Kunstgeschichteszene. In
Erinnerung an die in Auschwitz ermordete Künstlerin
Friedl Dicker-Brandeis und in Kooperation mit dem freien
Radiosender Radio Orange bearbeitet die Künstlerin
Johanna Tinzl gemeinsam mit Stefan Flunger „Motive der
Gegenwart", die über die Geschichte des Konzentrationslagers Theresienstadt erzählen. Überlebende Schülerinnen von Friedl Dicker-Brandeis, Anna Flachová-Hanuso-
vá, Helga Pollak-Kinsky und Ela Stein-Weissberger,
werden aktiv in die Gestaltung einer audiovisuellen Kun-
stinstallation einbezogen. Damit gelingt eine aktuelle,
aktive und (selbst-)kritische Auseinandersetzung der
Vereinigung mit ihrer Vergangenheit.

Es lohnt sich, die heutige Vereinigung und ihre Arbeiten
kennenzulernen.

Vereinigung bildender Künstlerinnen Österreichs
1010, Maysedergasse 2/4. Stock (Lift)
www.vbkoe.org

Gegen Faschismus und Krieg

Nur ein paar Schritte die Maysedergasse entlang, öffnet sich am Ende der Straße der Albertinaplatz mit dem „Mahnmal gegen Krieg und Faschismus" von Alfred Hrdlicka. Auch dieser Ort kann mit Frauengeschichte in Beziehung gesetzt werden, steht doch das Monument an der Stelle des ehemaligen Philipphofes, einem mehrstöckigen Gründerzeitgebäude, das während des stärksten Bombardements der Alliierten am 12. März 1945 völlig zerstört wird. In den Kellerräumen des Hauses suchen damals an die 300 Menschen, mehrheitlich Frauen und Kinder, Zuflucht, doch niemand kann aus den Trümmern lebend geborgen werden. Die genaue Opferzahl ist bis heute nicht bekannt. Die Diskussionen der Nachkriegszeit um die Errichtung eines Denkmals an diesem Ort dauern viele Jahre und werden sehr kontrovers geführt. Am 30. September 1983 wird im Wiener Gemeinderat einstimmig beschlossen, den Bildhauer und Künstler Alfred Hrdlicka mit der Errichtung des Mahnmals auf dem Platz vor der Graphischen Sammlung der Albertina zu beauftragen. Damit beginnt eine der vielen heftigen Debatten rund um das erste „Gedenkjahr" 1988 – fünfzig Jahre nach dem Anschluss Österreichs an Hitlerdeutschland. Erstmals in der österreichischen Nachkriegsgeschichte wird Vergangenheitsbewältigung zu einem öffentlichen Thema. Alfred Hrdlicka bezieht sich in der Gestaltung des Mahnmals auf konkrete, historische Ereignisse und will diese ausdrucksstark in Szene setzen:

1938 marschieren die nationalsozialistischen Truppen Adolf Hitlers ohne militärischen Widerstand von österreichischer Seite in das Land ein. Statt Widerstand zu leis-

Mahnmal gegen Krieg und Faschismus von Alfred Hrdlicka

ten, empfangen viele Österreicherinnen und Österreicher Hitlers Soldaten mit Euphorie. Bis zu diesem Zeitpunkt als illegale Nationalsozialisten im Untergrund agierende Anhänger Hitlers geben sich nun offen als solche zu erkennen. Die nationalsozialistische Ideologie fällt schon in den Jahren vor dem Anschluss auf den fruchtbaren Boden eines jahrhundertealten, österreichisch-katholischen Antisemitismus. Unmittelbar nach dem sogenannten Anschluss am 12. März 1938 beginnen bis zu diesem Zeitpunkt meist unauffällige Bürgerinnen und Bürger, ihre jüdischen Mitbürgerinnen und Mitbürger ohne Rücksicht auf Alter, Geschlecht, politische Haltung oder gesellschaftliche Position auf offener Straße zu misshandeln und sich ihrer Arbeitsplätze, Wohnungen und ihres Vermögens zu bemächtigen. Eine Form der öffentlichen Demütigung sind dabei unter anderem die sogenannten Reibpartien: Jüdische Frauen und Männer werden aus ihren Wohnung, ihrer Arbeit oder aus Kaffeehäusern gezerrt und unter Fußtritten und Beschimpfungen genötigt, die Straßen mit Handbürsten zu reinigen. Viele feuern die Täter an, die meisten schreiten nicht ein und sehen weg. Nur selten ergreifen Bürgerinnen und Bürger Partei für die Gedemütigten. Der Schriftsteller Carl Zuckmayr beschreibt diese Szenen in seiner Autobiografie 1966 mit den Worten: „Die Luft war von einem unablässig gellenden, wüsten, hysterischen Gekreische erfüllt, aus Männer- und Weiberkehlen, das tage- und nächtelang weiterschrillte. Und alle Menschen verloren ihr Gesicht, glichen verzerrten Fratzen: die einen in Angst, die andren in Lüge, die andren in wildem, hasserfülltem Triumph. ... Ich erlebte die ersten Tage der Naziherrschaft in Berlin. Nichts davon war mit diesen Tagen in Wien zu vergleichen. ... Was hier entfesselt wurde, war der Aufstand des Neids, der Missgunst, der Verbitterung, der blinden, böswilligen Rachsucht – und alle anderen Stimmen waren zum Schweigen verurteilt."

Wenige Monate später erreichen diese Übergriffe ihren ersten, blutigen Höhepunkt. Ab dem 9. November 1938 werden eine Woche lang in Österreich und Deutschland jüdische Frauen, Männer und Kinder verfolgt, misshandelt und beraubt. Jüdische Geschäfte, Einrichtungen und Gebetshäuser werden in Brand gesteckt. Die Selbstmordrate der Jüdinnen und Juden steigt in diesen Tagen sprunghaft an, unzählige Schwerverletzte werden in überfüllte Krankenhäuser eingeliefert. 6547 Wienerinnen und Wiener werden verhaftet, fast 4000 Menschen davon werden in das Konzentrationslager Dachau deportiert und hier oder in anderen Konzentrationslagern ermordet. Nahezu von einem Moment auf den anderen verliert die jüdische Bevölkerung „das Recht, Recht zu haben" (Hannah Arendt). In ihrem Versuch die Gewaltverbrechen bei den Behörden anzuzeigen und gerechte Strafen zu erlangen, scheitern sie. Die gezielte Ausgrenzung, Vertreibung und schließlich die massenhafte, bürokratisch verwaltete, industrialisierte Vernichtung von Jüdinnen und Juden hat damit ihren Anfang. Die Massenvernichtungsmaschinerie mit ihren verheerenden Auswirkungen und der millionenfache Tod auf den Schlachtfeldern des Zweiten Weltkrieges enden schließlich 1945 mit dem Sieg der Alliierten und dem Selbstmord Hitlers. Während die deutsche Bevölkerung nach Kriegsende mit der gesamten schockierenden Realität des nationalsozialistischen Regimes auf Druck der Alliierten konfrontiert wird, kann sich die österreichische Bevölkerung jahrzehntelang dieser

Auseinandersetzung entziehen – nicht zuletzt aufgrund der historischen Übereinkunft der alliierten Mächte 1943 in der Moskauer Deklaration, die Österreich als „das erste freie Land, das der Hitler'schen Aggression zum Opfer gefallen ist", bezeichnet. Österreichische Städte bleiben nicht zuletzt auch deshalb von vernichtenden Rachebombardements der Alliierten verschont. Dennoch erlebt Wien vor allem im März 1945 die heftigsten Bombardements der Siegermächte. Die Wiener Staatsoper gerät in Brand und der Philipphof mit seinen als sicher geltenden Luftschutzkellern wird völlig zerstört. Diese Ereignisse versucht Hrdlicka in Szene zu setzen: Auf zwei Granitblöcken – jenem Material, mit dem die Häftlinge des größten österreichischen Konzentrationslagers Mauthausen Steine schleppend zu Tode geschunden wurden – sind zwei Skulpturen zu sehen. Die linke Figur zeigt Szenen aus den Konzentrationslagern: Ein KZ-Scherge mit einer überdimensionalen Spritze und die gemarterten Körper der Opfer der Vernichtungslager. Die rechte Figur bezieht sich auf die Sinnlosigkeit des Soldatentodes und stellt die gebärende Mutter mit einem sterbenden Soldaten neben ihr dar. Der Akt des Gebärens wird durch das Sterben als Soldat sinnlos. Dahinter ist die am Boden liegende Figur eines alten, bärtigen jüdischen Mannes mit einer Bürste in der Hand zu sehen, die an die demütigenden „Reibpartien" des Jahres 1938 erinnern. Auf die zivilen Opfer der Bombardements und zugleich als Hommage an die naheliegenden Orte der Hochkultur – Albertina, die Wiener Staatsoper und das Theatermuseum – bezieht Hrdlicka die dahinterstehende halbfertige Skulptur eines Mannes mit dem Titel „Orpheus in der Unterwelt". Den Schluss des begehbaren Monuments bildet der „Stein der Republik" mit Auszügen aus der Erklä-

„Orpheus in der Unterwelt", dahinter der „Stein der Republik"

rung der provisorischen Regierung Österreichs vom 27. April 1945.

Die Konzeption des Mahnmals ist komplex und die Formensprache expressiv. Wohl gerade deshalb reißen die Diskussionen nach dem Gemeinderatsbeschluss für die Skulpturengruppe Hrdlickas 1983 nicht ab. Auch vonseiten der Israelitischen Kultusgemeinde und Simon Wiesenthals kommt heftige Kritik zur Formensprache des Künstlers. Wiesenthal argumentiert, das Denkmal schreibe die Demütigung der jüdischen Bevölkerung fest und könne Voyeurismus hervorrufen. Die Figur des „Straße waschenden Juden" würde die Traumatisierungen der Opfer wieder und wieder aktivieren. Zudem sei, argumentiert Simon Wiesenthal, ein Mahnmal *nur* für die ermordeten Jüdinnen und Juden notwendig, da gerade diese Bevölkerungsgruppe von den Nationalsozialisten zur völligen Ausrottung bestimmt wurde. Nicht zuletzt laufe ein Mahnmal, das an alle Opfer des Krieges erinnert, Gefahr, die österreichische Opferthese erneut zu bedienen, womit eine ehrliche Aufarbeitung der Täterschaft verhindert werde. Alfred Hrdlicka verteidigt sein Werk. Das Mahnmal abstrahiere nicht, sondern stelle für alle sichtbar und verstehbar die Grausamkeit der Ereignisse des Zweiten Weltkrieges sowie der Shoa dar. Unterdrückung, Leid und die Auswirkungen exzessiver Gewalt sollen für alle unmittelbar und auch körperlich nachvollziehbar sein. Die am Boden liegende Figur rechtfertigt Hrdlicka mit dem Argument: „Jeder kann sagen: Was in Auschwitz passiert ist, das weiß ich nicht. Aber was in Wien passiert ist, das haben die Wiener wissen müssen, das hat jedes Kind sehen können."

Die feierliche Enthüllung des Mahnmals findet trotz aller Kontroversen schließlich dennoch statt: Am 24. November 1988 wird in Anwesenheit von Bundeskanzler Franz Vranitzky und Bürgermeister Helmut Zilk das Mahnmal enthüllt. Die Historikerin Erika Weinzierl hält eine Rede, Bischofsvikar Pater Josef Zeininger, Superintendent Werner Horn und Oberrabbiner Paul Chaim Eisenberg sprechen Worte des Totengedenkens. Kurz nach der Enthüllung muss an der Figur des „Straße waschenden Juden" ein stilisierter Stacheldraht angebracht werden, da viele in Unkenntnis ihrer Bedeutung die Skulptur als Sitzplatz verwenden. Simon Wiesenthals Vorschlag, mit einem eigenen Mahnmal den 65.000 ermordeten Wiener Jüdinnen und Juden zu gedenken, wird einige Jahre später – ebenfalls nach langen Debatten – mit dem von Rachel Whiteread entworfenen Monument am Judenplatz entsprochen. (siehe S. 79). Auch wenn um die „richtige" Form des Gedenkens immer wieder neu gerungen werden muss, können beide Mahnmale als Anlass für die Auseinandersetzung mit Geschichte im öffentlichen Raum gesehen werden, um im Gespräch darüber Geschichtsinterpretationen zu verhandeln und Geschichtsaufarbeitung zu versuchen. Letztendlich ist „die Diskussion das eigentliche Denkmal".

Frauen in der Kaisergruft

Direkt hinter dem Mahnmal beginnt die Tegetthoffstraße. An der Adresse Tegetthoffstraße 2 befindet sich der Eingang zur berühmten Kapuzinergruft. 148 Frauen, Männer und Kinder der Herrschaftsdynastie der Habsburger (mit einer Ausnahme der einzigen Nicht-Habsburgerin Gräfin Fuchs-Mollard) sind hier bestattet. Kaiserin Anna geht als Stifterin der heutigen Kaisergruft in die Geschichte ein. Sie stellt die erforderlichen Geldmittel zur Verfügung, um eine Grablege mit Kirche für sich und ihren Mann, Kaiser Matthias, erbauen zu lassen. Als sie wenig später stirbt und ihr nur drei Monate darauf auch ihr Ehemann in den Tod folgt, sind weder Kirche noch Begräbnisstätte fertiggestellt. Das Stifterpaar wird vorübergehend im Königinnenkloster Hl. Clara in der Dorotheergasse (heute Sitz der evangelisch-lutherischen Stadtkirche helvetischen Bekenntnisses) bestattet. 1633 wird der erste Teil der kaiserlichen Gruft fertiggestellt und in den folgenden Jahrhunderten immer wieder erweitert. Die Verstorbenen werden seziert, einbalsamiert und je nach Rang und Position entweder in Holzsärgen, mit schwarzem Samt und Goldstoff (für Herrscher und ihre Gattinnen) oder mit rotem Samt und Silberstoff (für Erzherzoginnen und Erzherzoge) bestattet. Die einfachen Holzsärge sind heute nicht sichtbar. Sie stehen in prunkvollen Sarkophagen – reich verzierte Grabmonumente mit vielfältiger und aufwändiger Symbolik. Die schönsten Särge, angefertigt und umgestaltet von Balthasar Ferdinand Moll, sind zweifelsohne jene der Eltern Maria Theresias, Elisabeth Christine und Kaiser Karls VI., sowie der von Kaiserin Maria Theresia in Auftrag gegebene Doppelsarkophag. Wesentlich un-

auffälliger ist ein barocker Sarg in der sogenannten Leo-
poldsgruft, in dem Margarita Teresa (1651–1673), die jung
verstorbenen Ehefrau Kaiser Leopolds I. (1640–1705), bestattet ist. Margarita Teresa ist allen Kunstinteressierten
ein Begriff. Der berühmte, spanische Hofmaler Diego Velázquez porträtiert sie im Kindes-und Jugendalter mehrmals für die Zwecke der Habsburgischen Heiratspolitik
und schreibt damit Kunstgeschichte. Die schon in ihrer
Zeit außergewöhnlichen Kinderbilder sind im Kunsthistorischen Museum Wien zu sehen.

Geboren um zu gebären
Margarita Maria Teresa

Der eigentliche Name der spanischen Infantin ist Margarita Maria Teresa. Während sie vor allem in die Kunstgeschichte als Margarita Teresa eingeht, wird sie während
ihres Lebens in Wien meist einfach Margarethe und von
ihrem Ehemann Leopold I. liebevoll „Gretl" genannt. Sie
selbst unterzeichnet ihre Dokumente mit Margarita Maria. Margarita Maria wird als Tochter des spanischen
Königs Philipp IV. und Maria Anna von Österreich geboren, die um dreißig Jahre jünger als ihr Ehemann ist und
eigentlich die Ehefrau des früh verstorbenen Sohnes
Philipps IV., Balthasar Carlos hätte werden sollen. Nicht
ganz so groß (elf Jahre) ist der Altersunterschied zwischen Margarita Maria und ihrem Ehemann Leopold I.,
den sie ihrerseits „Onkel" nennen wird, und tatsächlich
ist Kaiser Leopold I. der Bruder ihrer Mutter. Ihre Kindheit verbringt die junge Infantin unter dem Eindruck des

rigiden spanischen Hofzeremoniells, streng katholischer Gläubigkeit und den Erbfolgeschwierigkeiten der spanischen Linie des Hauses Habsburg. Immer wieder ändern sich die Heiratspläne entsprechend der jeweiligen Machtverhältnisse und strategischen Überlegungen ihres Vaters Philipp IV. Margaritas Erziehung und Tagesablauf sind strikt geregelt. Sie erhält Unterricht in Lesen, Schreiben und Sprachen. Besonderes Augenmerk wird auf das Katechismus-Studium und die Einhaltung der Sonn- und Feiertage gelegt, die ausschließlich intensiver Frömmigkeit gewidmet sind. Auch Musik- und Tanzunterricht erhält das junge Mädchen, Ausflüge und Vergnügungen sind jedoch selten. Entsprechend der machtvollen Ränkespiele der europäischen Heiratspolitik ist sie, die einzige überlebende Tochter des spanischen Königs, zunächst als Gemahlin des französischen Königs im Gespräch. Nachdem die Verhandlungen scheitern, bietet Philipp IV. das damals achtjährige Mädchen „seinem kaiserlichen Schwager" an. Ein Angebot, das der Wiener Hof gerne annimmt, denn „diese stellt als einzige spanische Erbin einen nicht zu unterschätzenden politischen Wert dar". Um den zukünftigen Bräutigam über die Entwicklung seiner kindlichen Gemahlin regelmäßig zu informieren, wird der Hofmaler Diego Velázquez mit dem Anfertigen von Porträts Margarita Marias beauftragt, die in kurzen Zeitabständen nach Wien gesandt werden. Nach weiteren diplomatischen Schwierigkeiten und auch persönlichem Hinauszögern der Abreise tritt sie 1666 im Alter von 15 Jahren die weite, sieben Monate dauernde Reise an. Nicht nur ihre zwischenzeitliche Erkrankung an „Wechselfieber" bringt den aufwändigen Reisezug ins Stocken, auch die Festivitäten unterwegs

Margarita Maria Teresa, porträtiert von Diego Velázquez

brauchen Zeit. Immer wieder werden Messen gehalten, Feste gefeiert und Prunkzüge mit manchmal bis zu 500 Wagen und 90 livrierten Dienern abgehalten. Am 5. Dezember 1666 erreicht Margarita Maria endlich Wien. Nach einem weiteren prunkvollen Zug durch die Stadt, vorbei an eigens angefertigten Triumphbögen und mit Böllerschüssen willkommen geheißen, beginnen die teuer und aufwändig inszenierten, dreimonatigen Hochzeitsfeierlichkeiten – eine nahezu unendliche Reihe von Gottesdiensten, Audienzen, öffentlichen Banketten, Feuerwerken, Schlittenfahrten, Maskenfesten, Musik- und Theateraufführungen sowie kaiserlichen Jagden, für die eigens Tiere aus Tirol in die Donauauen des Praters gebracht werden. Die ebenfalls für die Hochzeit geplante Uraufführung der ersten italienischen Oper, die nördlich der Alpen gezeigt wird, „Il pomo d'oro", findet jedoch erst 1668 anlässlich des 17. Geburtstags der Kaiserin statt. Ein Jahr nach der Hochzeit wird Margarita Maria erstmals schwanger. Der mit Freuden empfangene Thronfolger Ferdinand Wenzel stirbt jedoch bereits im Alter von drei Monaten. Der Tod ihres ersten Kindes trifft sie „zweifach, war doch der kleine Prinz nicht nur ihr erstes Kind, sondern auch die Bestätigung ihrer Stellung als Kaiserin und Mutter, von der man die Sicherung der Thronfolge erhoffte". Damit beginnt die ununterbrochene Serie kraftraubender Schwangerschaften. Margarita Maria bringt in sieben Ehejahren, sechs Kinder zur Welt, von denen nur ihre Tochter Maria Antonia (1669–1692) überlebt. Die vielen Schwangerschaften und Fehlgeburten sollen die tiefgläubige Spanierin schließlich veranlasst haben, ein Gelübde abzulegen. So soll sie als Dank für eine gut verlaufene Geburt veranlasst haben, die gesamte jüdische Bevölkerung aus Wien zu vertreiben. Diese Erzählung gehört jedoch zumindest teilweise in das Reich der Mythen und Legenden. Denn Margarita Maria ist weder mächtig genug, um eine derartige Entscheidung durchsetzen zu können, noch reicht dies als Erklärung für die Ausweisung der jüdischen Bevölkerung. Die Vertreibung der jüdischen Gemeinde aus dem Ghetto im Unteren Werd muss vielmehr vor dem Hintergrund der wirtschaftlichen Konkurrenz christlicher Kaufleute und Handwerker, den Interessen der katholischen Kirche, einer grundsätzlich antijüdischen Stimmung in Wien sowie widerstreitender Interessen des Adels am Wiener Hof gesehen werden. Gegen die Vorstellung, die Vertreibung würde ausschließlich auf einen emotionalen Willkürakt einer jungen, verzweifelten Kaiserin zurückgehen, spricht zudem, dass Verhandlungen über Aufschub und Umfang der Vertreibung dokumentiert sind. Fest steht jedoch, dass die junge Kaiserin nur einen Tag vor dem endgültigen Beschluss über die Ausweisung der jüdischen Bevölkerung erneut eine Fehlgeburt erlebt. Dies könnte Kaiser Leopold I. endgültig dazu bewegt haben, seine Zustimmung für die Vertreibung zu geben. Nur 24 Tage nach der Ausweisung der jüdischen Bevölkerung lässt Kaiser Leopold I. eine der Synagogen des Ghettos demolieren und an deren Stelle eine katholische Kirche errichten, die seinem Namenspatron, dem der heutige zweite Bezirk seinen Namen „Leopoldstadt" zu verdanken hat, geweiht wird. Der Kaiser gibt dem Drängen der verschiedenen gesellschaftlichen Gruppen, die an einer Ausweisung der jüdischen Konkurrenten interessiert sind, nur unter der Bedingung nach, dass die Stadt für den „Verdienstentgang aus der Besteuerung der Juden" aufkommt. Doch schon sehr bald sind die Wiener Händler und Handwerker mit ihren Zahlungen säumig, sodass nur drei Jahre später ein Gutachten der Hofkammer erstellt wird, in dem die Wiederzulassung von Juden in Wien empfohlen wird. Samuel Oppenheimer (1630–1703) und Samson Wertheimer (1658–1724) erhalten wenig später wieder Aufenthaltsprivilegien und unterstützen das Haus Habsburg in der Finanzierung ihrer Kriege gegen das Osmanische Reich.

Margarita Maria ist an all diesen Verhandlungen nicht beteiligt. Nach dem Tod ihres Kindes im Februar 1670 verschlechtert sich ihr ohnehin labiler Gesundheitszustand zusehends. Als zwei Jahre später wieder eine Tochter stirbt, notiert Leopold in seinem Tagebuch: „Wär es ein Sohn gewest, wie man es verlangt, was wär dies vor ein Leid jezo, aber ein Madl kann man leicht verschmerzen." Die Grausamkeit einer ausschließlich auf männliche Nachfolger ausgelegten Erbfolge wird mit diesem Zitat besonders deutlich. In Widerspruch zu dieser gefühllosen Formulierung stehen die Berichte des Hofes, die versichern, dass Kaiser Leopold I. seiner jungen Frau in aufrichtiger Liebe zugeneigt gewesen sei. Hofangestellte und Chronisten der Zeit erzählen immer wieder von der harmonischen und glücklichen Ehe der beiden. Ebenso häufig werden die Spannungen zwischen dem spanischen Ge-folge Margarita Marias und den Wiener Höflingen kommentiert. So verleihen Letztere schließlich ungeniert ihrer Meinung Ausdruck, die schwächliche Kaiserin möge endlich sterben. Am 12. März 1673 stirbt die 21-Jährige tatsächlich – psychisch und physisch ausgelaugt, erneut schwanger. Neben ihrer Schilddrüsenerkrankung und einer Erkältung dürfte der habsburgische Gebärzwang die eigentliche Todesursache gewesen sein, der ihr jede Widerstandskraft geraubt hatte. Wie Margarita Maria selbst mit den Schicksalsschlägen ihres Lebens umgegangen ist, lässt sich nicht nachvollziehen. Selbstzeugnisse gibt es von ihr kaum, vielmehr haben vor allem Männer über sie geschrieben: Hofangestellte, Chronisten oder ihr Ehemann Leopold. Auch nachhaltiger politischer oder kultureller Einfluss der spanischen Infantin ist nicht wirklich auszumachen. Trotzdem (oder weil) sie unzweifelhaft ein Leben in Prunk und Reichtum geführt hat: Selbstbestimmt und frei konnte sie jedoch nicht agieren.

Von der Kapuzinerkirche aus geht es nach links über den Neuen Markt, dem Platz vor dem Kloster. Am Ende des Platzes führt der Weg zunächst leicht nach links in die Seilergasse, gehen Sie hier nach rechts. Am Ende der Straße beginnt die Fußgängerzone der Wiener Innenstadt. Biegen Sie hier links in den Graben ein und gehen Sie weiter bis zur ersten Querstraße der rechten Seite. Der Name der Straße, die gegenüber abzweigt und durch zwei völlig symmetrisch gestaltete Eckgebäude auffällt, lautet „Trattnerhof" und erinnert an ein nicht mehr existierendes Gebäude, in dem sich zu Beginn des zwanzigsten Jahrhunderts für kurze Zeit der bürgerliche Frauenverein „Wiener Frauenklub" befindet.

Unbelästigt von zudringlichen Blicken
Wiener Frauenklub

Bis 1911 steht an der Stelle des heutigen Doppelgebäudes Graben 29 und 29a ein für damalige Verhältnisse überdimensionales Zinshaus, benannt nach seinem Besitzer Johann Thomas Trattner. Am 15. November 1900 wird hier der bürgerlich-adelige „Wiener Frauenklub" mit einer Rede von Margarete Jodl (1859–1937) eröffnet. Margarete Jodl stammt aus einem intellektuellen und künstlerischen Elternhaus. Ihre Mutter Sophie Förster (geb. Ebel) ist Kammersängerin, ihr Vater wird als Experte für alte Kunst sehr geschätzt. Margarete Jodl selbst besitzt eine hohe Affinität zu Kunst und wendet sich, nach einem kurzen Ausflug in die Malerei, dem Schreiben zu. Sie heiratet den späteren Universitätsprofessor und Mitbegründer der Wiener Volkshochschulen Friedrich Jodl, dessen Werk und Erbe sie nach seinem Tod schriftstellerisch verarbeitet und vor dem Vergessen bewahrt. Margarete Jodl selbst ist ebenfalls Mitglied im Ausschuss des Volksbildungsvereines und setzt sich in diesem Sinne auch für den „Wiener Frauenklub" ein, der Frauen die Möglichkeit der Weiterbildung und des geistigen Austausches bieten soll. In ihrer engagierten Eröffnungsrede begründet sie die Einrichtung eines intellektuellen Frauenraumes damit, dass es für jede Frau wertvoll und wichtig sei, „im Centrum der Stadt ein allzeit offenes Heim zu finden, wo sie unter ihresgleichen, unbelästigt von zudringlichen Blicken, sich erholen und eine freie Stunde, sei es in angenehmer Geselligkeit oder mit anregender Lectüre verbringen kann". Bildung und die Überwindung von Klassenunterschieden beschreibt sie als weitere Ziele der Frauenorganisation: „Aber Bildung macht nicht nur stark, sie einigt auch Vieles, was sonst getrennt auseinander liegt, und darin erblicken wir den anderen Theil unserer Aufgabe: Wir wollen keine socialen Unterschiede! Jede gebildete oder nach Bildung strebende Frau, einerlei wess Standes, einerlei, ob arm oder reich, ist hier willkommen." Einzige Voraussetzung, die eine zukünftige Besucherin mitbringen solle, ist, „dass sie durchaus Dame ist" und „auf ihrer Persönlichkeit kein Makel ruht". Unter Umständen ist es neben der noblen Adresse im ersten Bezirk gerade diese elitäre Haltung der bürgerlichen Frauen, die das ambitionierte, „klassenübergreifende" Projekt scheitern lässt. Trotz modern eingerichteter Räumlichkeiten und zahlreicher

Der Erste Wiener Frauenverein im Billardsalon (1900)

prominenter Unterstützerinnen wie Marie Lang (Frauenrechtlerin und Begründerin des „Wiener Settlements"), Mizi Franzos, (Übersetzerin der Werke Selma Lagerlöfs) und der ersten in Österreich anerkannten Ärztin Gabriele Possaner muss der „Wiener Frauenklub" seine Aktivitäten schon zwei Jahre später, am 31. Juli 1902, beenden. Als Nachfolgeverein und in völlig neuer Zusammensetzung eröffnet wenig später (1903) in unmittelbarer Nähe, am Tuchlauben 11, der „Neue Frauenklub" (siehe S. 71) seine Räumlichkeiten, dem größerer Erfolg beschieden ist.

Pest, Umzüge und Prostituierte
Der Wiener Graben

Ein Stück weiter den Graben entlang spazierend, ist schon bald die Wiener Pestsäule erkennbar, die in der Mitte der prominenten Flaniermeile steht. Ihre Errichtung geht auf ein Gelöbnis Kaiser Leopolds I., Ehemann von Margarita Maria (siehe S. 59), Claudia Felizitas von Österreich-Tirol und Eleonore von Pfalz-Neuburg, zurück: Der streng gläubige Kaiser verlässt aufgrund der verheerenden Pestepidemie 1679 als einer der Ersten fluchtartig die Stadt, gelobt jedoch die Errichtung einer prunkvollen Säule zu Ehren der Dreifaltigkeit, sollte die Pest vorübergehen. Und er hält sein Wort, auch wenn sich die Fertigstellung aufgrund des plötzlichen Todes von Matthias Rauchmiller, der schon 1683 mit der Anfertigung der Säule beauftragt wird, stark verzögert. Nach einer Neuplanung von Johann Bernhard Fischer von Er-

lach wird der Bau mehr als zehn Jahre nach der Beauf-
tragung durch den Kaiser unter der Leitung von Peter
von Strudel fertiggestellt. 1692 wird das für seine Zeit
richtungsweisende Werk feierlich geweiht. Auffallend in
der Figurengestaltung sind die realistische Abbildung
des Kaisers, der mit seiner vorstehenden „habsburgischen Unterlippe" nicht unbedingt zu den attraktivsten
Männern seiner Zeit zählte, und die Symbolik der Pest,
die als zahnlose, nackte alte Frau dargestellt und vom
Glauben, symbolisiert durch eine junge, verzückt zum
Himmel blickende Frau, besiegt wird. Kritisch betrachtet kann darin die Diffamierung alter Frauen gesehen
werden. Ihr alternder Körper wird den Betrachterinnen
und Betrachtern nackt preis gegeben und als Symbol für
Tod und Verderben verwendet. Eine Frauen diskrimini-
rende Formensprache – auch wenn sie im Kontext ihrer
Entstehungszeit zu sehen ist.

In den darauffolgenden Jahrzehnten und Jahrhunderten wird die Pestsäule am Graben zum zentralen Punkt
öffentlicher religiöser und politischer Kundgebungen,
darunter Erbhuldigungen und Fronleichnamsprozes-
sionen. Der Graben ist in dieser Zeit auch Flaniermeile
der adeligen und bürgerlichen Frauen und Männer sowie
der sogenannten Grabennymphen. Die gehobene Form
der Prostitution zeigt sich hier, ebenso wie ihre Klientel,
in stilvollen Gewändern. Elegant zurückhaltend ist auch
die Form der Geschäftsanbahnung. So ist ein fallendes
Taschentuch, das der galante Kunde für die edle Dame
aufhebt, ein willkommener Anlass, um ins Gespräch zu
kommen und über die sexuellen Dienste handelseinig
zu werden. Während für Männer die Annahme körperlicher, sexueller Dienste von Prostituierten kaum nega-

tive soziale Folgen hat, sehen sich Prostituierte damals wie heute mit sozialer Ausgrenzung und behördlichen Schikanen bis hin zu körperlicher Bedrohung und Verachtung von nahezu allen anderen gesellschaftlichen Gruppen konfrontiert. Die Frage, ob Prostitution die deutlichste Form von Ausbeutung der Frauen durch Männer ist oder eine Dienstleistung, die als Beruf anerkannt und anderen Dienstleistungsberufen gleichgestellt werden sollte, wird bis heute intensiv und nach wie vor kontrovers diskutiert. Die feministischen Diskussionen und die zur Unterstützung der Sexarbeiterinnen gegründeten Organisationen haben wesentlich dazu beigetragen, die Debatten differenzierter zu führen und die Interessen der Prostituierten sichtbar zu machen (mehr dazu siehe S. 171).

Teeblüte und Kaffeekönig
Michiko Tanaka

Am Ende des Grabens befindet sich die einzige in Österreich erhaltene Filiale der Julius-Meinl-Supermarktkette. 1862 von Julius Meinl zunächst als kleines Geschäft, das anfangs nur grüne Kaffeebohnen zum Verkauf anbietet, gegründet, führt dessen Sohn Julius Meinl II. die väterliche Firma mit einer Erweiterung des Angebots um hochwertige Lebensmittel zu größtem Erfolg. Auch wenn die Zeit des weitläufigen Supermarkt-Netzes mit mehreren hundert Filialen in ganz Europa heute vorbei ist, so ist doch jeder Wienerin und jedem Wiener Julius Meinl als Garant für qualitätsvolle Lebensmittel ein Begriff. Weniger bekannt dürfte das außergewöhnliche Privatleben Julius Meinls II. sein, der 1931 seine Ehefrau verlässt, um die vierzig Jahre jüngere Opernsängerin Michiko Tanaka (1909–1988) zu heiraten. Neun Jahre später lässt sich Michiko Tanaka scheiden, um, mit Einwilligung von Julius Meinl II., den fast gleichaltrigen Schauspieler Viktor de Kowa zu heiraten. An die Schauspielerin und Sängerin erinnert bis heute die gleichnamige hauseigene Teemischung des Meinl-Konzerns, auf deren Packungen nach wie vor ihr Jugendbildnis zu sehen ist.

Mit Blick auf das Eingangsportal der Meinl-Filiale zweigt rechts eine kurze Fußgängerzone namens Tuchlauben ab. Die Ansiedelung deutscher Tuchhändler, die sich im zwölften Jahrhundert hier niederlassen, sind namensgebend.

Who is who der Ersten Frauenbewegung Neuer Frauenklub

An der Adresse Tuchlauben 11 öffnet 1903 der „Neue Frauenklub" seine Pforten. Die Grundideen des Vorläufervereins „Wiener Frauenklub" im Trattnerhof am Graben (siehe S. 66) werden von einer neuen Gruppe engagierter Frauen übernommen und um wichtige Aspekte erweitert. Eine breitere Schicht von Frauen soll diesmal angesprochen werden. Die Gründerinnen, ebenfalls aus gut situierten bürgerlichen Verhältnissen, richten auch hier ein Lesezimmer, eine Bibliothek zur „Schaffung eines geselligen Vereinigungspunktes mit Gelegenheit zu geistiger Anregung", ein und stellen regelmäßig Programme mit Vorträgen, einem literarischen Zirkel, musikalischen Darbietungen und Ausstellungen zusammen. Erstmals werden auch internationale Vortragende in eine Frauenverein eingeladen: Prinzessin Hairie ben Aiad etwa spricht über „Das Leben der türkischen Frau". Auch anderen Frauengruppen und -vereinen wird der Raum zur Verfügung gestellt. So können die Mitglieder des Klubs „Wiener Radiererinnen" ihre Werke einer interessierten Öffentlichkeit ebenso präsentieren wie die ungarisch-österreichischen Amateurfotografinnen. Ein Jahr nach der Eröffnung gelingt es den Gründerinnen, einen „billigen Mittagstisch" für weniger begüterte Frauen einzurichten, der gerne angenommen wird. Ein weiteres Ziel des Vereines ist die „Zentralisierung aller ernsten Frauenbestrebungen". Der „Neue Frauenklub" wird damit auch zu einem Ort des politischen Austausches engagierter Frauenrechtlerinnen aus Bürgertum und Arbeiterschaft. 1905 gründet Marie Hammerschlag, eine der besonders engagierten Frauen des Klubs, eine „Auskunftsstelle für Fraueninteressen", um Arbeit suchende Frauen in „Fragen der Berufswahl und Erwerbsmöglichkeiten ... sowohl im Inland als im Ausland" zu beraten. Lediglich das Vorhaben, ein eigenes Heim für alleinstehende Frauen zu begründen, kann nicht umgesetzt werden. Die Bilanz der Aktivitäten und Erfolge des „Neuen Frauenklubs" können sich dennoch in jeder Hinsicht sehen lassen. So gelingt es den zwölf Gründerinnen – als herausragende Persönlichkeiten unter ihnen sind hier Helene Forsmann, Präsidentin des Frauenklubs, und Yella Hertzka als engagierte Frauenrechtlerin und Friedensaktivistin zu nennen – über 300 Mitglieder zur aktiven und finanziellen Unterstützung der Vereinsaktivitäten zu gewinnen. Die Mitgliederliste ist prominent besetzt: Rosa Mayreder, Auguste Fickert und Marianne Hainisch – die führenden Frauen der bürgerlichen und radikalen Frauenbewegung unterstützen den Klub. Daneben sind hier viele Schulgründerinnen und Pädagoginnen zu finden, u. a. Olga Steindler, Physikerin und Direktorin der ersten Handelsschule, Eleonore Jeiteles, deren Schule später von Eugenie Schwarzwald übernommen wird, und Martha Luithlen, ebenfalls Direktorin eines Mädchenlyzeums. Auch Wissenschaftlerinnen und Schriftstellerinnen gehören dem Verein an und halten immer wieder Lesungen oder Vorträge: Marie Franzos, Else und Helene Migerka sowie Helene Richter. Viele dieser Frauen sind jüdischer Herkunft und müssen nach 1938 Wien verlassen oder werden, wie Helene Richter, im Konzentrationslager ermordet. Trotz der zahlreichen Mitglieder und Erfolge, die den erhaltenen Jahresberichten zu entnehmen sind, muss der Frauenklub nach fünfjähriger intensiver Tätigkeit wieder schließen. Ob finanzielle Schwierigkeiten oder interne Richtungsstreitigkeiten der Grund für das Ende des Vereins sind, lässt sich nur mehr schwer nachvollziehen. Für die fünf Jahre seines Bestehens war es in jedem Fall ein attraktiver, vielfältiger und gerne besuchter Frauenort.

Ein Frauenraum der Zweiten Frauenbewegung
AUF – Aktion Unabhängiger Frauen

In unmittelbarer Nähe befindet sich eine weitere bedeutende Adresse der Geschichte der Wiener Frauenbewegung. Wenige Schritte den Tuchlauben entlang, zweigt links eine kleine, fast mittelalterlich anmutende Gasse ab. In einem kleinen Lokal in der Kleeblattgasse 7 finden sich Aktivistinnen der Zweiten Frauenbewegung für ihre Plenumstreffen und die Redaktionssitzungen ihrer viermal jährlich erscheinenden Zeitung „AUF – Eine Frauenzeitschrift" zusammen. „Aktion Unabhängiger Frauen" nennt sich jene Gruppe von Feministinnen, die seit 1974 in der Kleeblattgasse ein Forum frauenpolitischer, kultureller und künstlerischer Debatten anbietet. Die Inhalte der gleichnamigen Zeitschrift werden von einem ausdrücklich als „nicht-hierarchisch" organisierten Redaktionsteam bestimmt und umfassen Themen wie „feministische Standorte und feministische Visionen", „Geld-Macht-Autorität", „Körper und Selbstwahrnehmung", Migration, Gewalt, Sex oder Frauenbildung, Kunst, Kultur und Frauen im Widerstand. Mit dieser breit gefächerten Themenwahl gelingt es, viele Diskussionen innerhalb der sich mehr und mehr ausdifferenzierenden, feministischen Szenen anzustoßen und weiterzuführen. Denn viele Frauen erleben das Lesen der AUF – ähnlich der „Emma" in Deutschland – als „feministisches Erweckungserlebnis". Erstmals wird ihnen bewusst, dass ihre individuelle Lebens- und Arbeitssituation in einem größeren gesellschaftspolitischen Zusammenhang zu sehen ist und die Ursachen für erfahrene Benachteiligung, Viel-

fachbelastung oder gar Gewalt in Macht- und Herrschafts-
strukturen einer patriarchal organisierten Gesellschaft
liegen könnten. Das in seiner Besetzung immer wieder
wechselnde Redaktionsteam arbeitet unabhängig von
Parteien und finanziert sich aus Abonnements, Spenden-
geldern und anderen Aktivitäten. In der Buchreihe AUF-
Edition wird das erste Standardwerk zu Wiener Frauengeschichte von Eva Geber, Sonja Rotter und Marietta
Schneider herausgegeben – inklusive eines ersten Wiener
Stadtplans mit Adressen aktueller Frauenprojekte. Hier
findet sich auch erstmals in einer Publikation die Adresse des erwähnten „Neuen Frauenklubs" am Tuchlauben
(siehe S. 71). Frauengeschichte sichtbar zu machen und
die Bezüge zu ihren Vorgängerinnen herzustellen, ist den
AUF-Frauen ein großes Anliegen. Eva Geber ist zu Beginn
der 1980er-Jahren die erste Feministin in Wien, die Frau-
enstadtspaziergänge organisiert. Meist beginnen oder
enden ihre Rundgänge im Lokal der AUF in der Kleeblattgasse. Für ihr schreibendes und politisches Engagement
wird Eva Geber 2009 von der Wiener Frauenstadträtin
Sandra Frauenberger ausgezeichnet. In ihrer Dankesrede
betont Eva Geber erneut die Bedeutung von Frauengeschichte: „Zivilgesellschaft ohne Geschichtsbewusstsein
ist nicht möglich." Sie spricht auch von der Notwendigkeit
politisch aktiv zu sein und zu bleiben: „Wir können uns
also nicht bequem zurücklehnen – der Backlash ist nicht
untätig. Das bedeutet Arbeit, aber die kann sehr kreativ
und lustvoll sein. Weil Agieren ein gutes Medikament gegen Ohnmacht ist." Trotz der Auszeichnung Eva Gebers
und der Würdigung der Leistungen des Redaktionsteams
anlässlich des 35-jährigen Bestehens der AUF, die im Mai
2010 von der Stadträtin mit einem rauschenden Fest in

der Volkshalle des Wiener Rathauses geehrt werden, muss die Frauenzeitschrift 2011 eingestellt werden, auch wenn in einer der letzten Ausgaben noch auf ein „feministisches Wunder" gehofft wird. Die Erklärung hierfür wird sowohl in neuen Arbeitsformen als auch den veränderten und stark ausdifferenzierten Frauenszenen gesehen: „Das liegt zum einen an den prekären Arbeitsverhältnissen der jüngeren Frauen, die weder Zeit noch Energie für ehrenamtliche Arbeit lassen, zum anderen daran, dass die älteren Frauen, die schon sehr lang dabei waren, müde sind, oder sich ihr Lebensort verlagert hat. Die Medien haben sich verändert, Rezeption und Nachwuchs fehlen. Wenn es kein feministisches Wunder gibt, muss die AUF mit dem nächsten Heft ihr Erscheinen einstellen." Das Wunder hat sich nicht eingestellt, aber der Abschied und das Ende der ältesten feministischen Frauenzeitschrift Österreichs wird ganz in feministischer Manier gefeiert: lustvoll, unterstützt von zahlreichen Aktivistinnen und Künstlerinnen, hochpolitisch und engagiert. Junge wie ältere Frauen erinnern sich gemeinsam, diskutieren Zukünftiges und verabschieden die AUF mit einem weinenden und einem lachenden Auge. Die Schauspielerin Marie Thérèse Escribano kommt ebenso zu einem der drei „Verkaufsfinale" wie Ruth Klüger, die aus ihren Werken liest. Musikerinnen der Gruppe All'Arrabiata verabschieden mit viel Witz die Frauen des Redaktionsteams und auch Christina Zurbrügg spielt auf. Politische Poetry Slams von Mieze Medusa und Szenen der ehemaligen lesbischen Kabarettgruppe „Famm Banal" versuchen den Abschied humorvoll und mit widerständigem Gelächter zu erleichtern. Allen gemeinsam ist trotz des AUF-Endes die Freude darüber, dass der Raum für feministische Anliegen weiterhin genützt wird: Zwei junge Frauen, Jenny Unger und Paula Bolyos, eröffnen Anfang 2012 erneut eine Frauenbuchhandlung, die den selbstironischen Namen „ChickLit" trägt. Neben feministischer Fachliteratur und Belletristik umfasst das Sortiment auch Filme, Hörbücher, Postkarten und Buttons. Gemütliches Schmökern und fachkundige Beratung sind garantiert. Die Kleeblattgasse 7 ist also weiterhin ein interessanter feministischer Frauenort.

Buchhandlung ChickLit
1010, Kleeblattgasse 7
www.chicklit.at
Öffnungszeiten: Mo–Fr 10–19 Uhr, Sa 10–15 Uhr

Niemals wieder – niemals vergessen

Wieder zurück am Tuchlauben führt der Spaziergang nach links bis zur Wipplingerstraße. Auf der gegenüberliegenden Seite befindet sich nach einigen Metern mit der Hausnummer 8 das Alte Wiener Rathaus, dessen barocke Fassade nicht zu übersehen ist. Im Hof des Alten Rathauses befindet sich der Eingang zur Dauerausstellung und den Räumlichkeiten des „Dokumentationsarchivs des österreichischen Widerstandes" (DÖW), das seit 2004 unter der wissenschaftlichen Leitung der Historikerin Brigitte Bailer-Galanda steht. 1963 wird das Archiv von Herbert Steiner initiiert und gemeinsam mit verschiedenen Opferverbänden gegründet. Neben der Archivierung und Aufarbeitung verfügbarer Materialien zu Widerstandskämpferinnen und Widerstandskämpfern, Opfern der Shoa, aber auch nationalsozialistischer Täterschaft wird neues Wissen vor allem mithilfe von Oral-History-Projekten (erzählte Geschichte Überlebender) geschaffen. Im Zentrum der Arbeiten des Archivs stehen „Aufklärung, Wissensvermittlung und Engagement gegen Ignoranz und Verdrängung". Zahlreiche Frauenbiografien sind im Bestand des Archivs dokumentiert. Darüber hinaus bietet das DÖW mit einer übersichtlichen Website auch die Möglichkeit, online zu recherchieren. Neben den Biografien ist hier eine Datenbank eingerichtet, in der zurzeit 63.200 Datensätze österreichischer Opfer der Shoa abrufbar sind. Auch die Dauerausstellung zu Entstehung, Auswirkungen und Nachwirkungen des nationalsozialistischen Gewaltregimes kann virtuell im Internet besucht werden.

Dokumentationsarchiv des österreichischen Widerstandes
1010, Wipplingerstraße 6–8
www.doew.at
Öffnungszeiten Archiv: MO–DO 9.00–17.00 Uhr
Öffnungszeiten Dauerausstellung: MO–MI, FR 9.00–17.00 Uhr,
DO 9.00–19.00 Uhr

Gedenken und Mahnen
Judenplatz

Beim Verlassen des Alten Rathauses noch ein Stück die Wipplingerstraße entlang zweigt links die Fütterergasse ab, die direkt zum Judenplatz führt. Auf dem ruhigen, versteckten Platz befindet sich das prominente barocke Gebäude der ehemaligen Böhmischen Hofkanzlei – gleich links, sobald der Platz betreten wird –, heute Sitz des österreichischen Verfassungsgerichtshofes sowie des Verwaltungsgerichtshofes. Rechts davon befindet sich an der Stirnseite des Platzes das sogenannte Jordanhaus mit einem spätgotischen Relief an der Fassade, das die Taufe Christi im Jordan zeigt.

Zunächst in Besitz des jüdischen Bürgers Hocz übernimmt nach der Vertreibung und Ermordung der Wiener Juden 1421 Georg Jordan dieses Haus und lässt als Anspielung auf seinen Namen die Szene der Taufe Christi an der Fassade anbringen – mit unverhohlen antisemitischen Zeilen: „Durch die Fluten des Jordan wurden die Leiber von Schmutz und Übel gereinigt ... So erhob sich 1421 die Flamme des Hasses, wütete durch die ganze Stadt und sühnte die furchtbaren Verbrechen der Hebräerhunde ..." Lange Zeit wird in keiner Weise auf die Diffamierung von Juden als „Hebräerhunde" und den Versuch mit dieser Inschrift die Ermordung von über 200 Wiener Jüdinnen und Juden während der Gezerah 1421 zu rechtfertigen, reagiert. Erst 1998 wird vonseiten der katholischen Kirche mit der Enthüllung einer Gedenktafel am Haus Judenplatz 6 eine Initiative gesetzt. Der Text auf dieser Tafel distanziert sich von der lange Zeit vertretenen christlichen Lehre, die Juden seien verantwort-

Das Mahnmal für die österreichischen jüdischen Opfer der Shoa

lich für den „Gottesmord Christi". Immer wieder führt diese Behauptung in der Geschichte zur Rechtfertigung antisemitischer Haltungen und Aktivitäten in der katholischen Kirche. Stattdessen ist nun auf der Gedenktafel ein Eingeständnis der Mitverantwortung und Mittäterschaft zu lesen: „Christliche Prediger dieser Zeit verbreiteten abergläubische judenfeindliche Vorstellungen und hetzten somit gegen die Juden und ihren Glauben. So beeinflußt nahmen die Christen in Wien dies widerstandslos hin, billigten es und wurden zu Tätern. Somit war die Auflösung der Wiener Judenstadt 1421 schon ein drohendes Vorzeichen für das, was europaweit in unserem Jahrhundert während der nationalsozialistischen Zwangsherrschaft geschah."

An die 65.000 Wiener Jüdinnen und Juden, die zwischen 1938 und 1945 von den Nationalsozialisten ermordet wurden, erinnert das Denkmal der Künstlerin Rachel Whiteread in der Mitte des Platzes. Whiteread gestaltet das Mahnmal als „Bibliothek" mit getäfelten Flügeltüren, die nicht geöffnet werden können. Der Hohlraum des Monuments, der sich hinter den Türen befindet, steht symbolisch für die Leere, das Unsagbare und Unbegreifliche der Shoa. Auf Bodenplatten rund um das Denkmal sind die Namen jener Orte eingelassen, an denen die Opfer ermordet wurden. Die angedeuteten Bücher sind „verkehrt" dargestellt, mit den Rücken nach innen: Weder die Buchtitel sind hier zu lesen noch die Namen der Autorinnen und Autoren. Whiteread spielt damit einerseits auf die grundsätzliche Bedeutung von Büchern in der jüdischen Kultur in Bezug auf die jahrhundertelangen Vertreibungen an. Andererseits verweist sie auf die niemals geschriebenen oder nur fragmentarisch erhalten geblie-

benen Biografien der Ermordeten und die Bücherverbren-
nungen durch das nationalsozialistische Regime. Das in
seiner Formensprache sehr zurückhaltende Monument
ist für viele Überlebende und Angehörige von Opfern zu
einem Ort des Gedenkens und Erinnerns geworden – ganz
im Sinne des Nachkriegsbekenntnisses: Niemals vergessen! Niemals wieder!

Unmittelbar gegenüber befindet sich das von Siegfried
Charoux gestaltete Denkmal für Gotthold Ephraim Les-
sing, der in seinem Stück „Nathan der Weise" mit der
sogenannten Ringparabel für Toleranz und Respekt aller
monotheistischen Religionen plädiert. Eine Botschaft, die
angesichts der weltweit immer wieder aufflammenden
blutigen Religionskämpfe und der zahlreichen antimusli-
mischen und antisemitischen Polemiken in Österreich
nichts an Aktualität eingebüßt hat: Respekt für Anders-
gläubige und ein friedliches Miteinander.

Edle Gewürze und Kochbücher
Babette's

Hinter dem Mahnmal Rachel Whitereads führt die kleine
Drahtgasse auf den Platz am Hof. Gleich linker Hand, Am
Hof 13, endet der Spaziergang bei der Gewürzmanufaktur
„Babette's". Das kleine Geschäft mit ausgesuchten Koch-
büchern und Gewürzen ist seit 2008 eine beliebte Adresse
für begeisterte Köchinnen und Köche und für jene, die es
noch werden wollen. Nathalie Pernstich, die Gründerin
der beiden „Babette's" – die erste „Genuss-Buchhandlung"
befindet sich in der Nähe des Wiener Naschmarkts – hat

ihre Leidenschaft zum Beruf gemacht: Seit 2002 verbindet sie Kochen und Bücher in kreativer, ansprechender Weise. In ihrer ersten Kochbuchhandlung im vierten Bezirk, Schleifmühlgasse 17, kocht sie mehrgängige, exquisite Mittagsmenüs und veranstaltet Kochkurse. Ihrer Leidenschaft für besondere Gewürze geht sie 2008 mit der Eröffnung der Gewürzmanufaktur Am Hof nach, bleibt aber ihrem Babette's-Konzept treu: Mittags gibt es unter der Woche frisch gekochte Köstlichkeiten – auch zum Mitnehmen in Pfandgläsern. Tartes, Kuchen und Cookies können bis zum Abend in gemütlicher Atmosphäre genossen werden, um anschließend vielleicht das eine oder andere Gewürz oder Kochbuch mit nach Hause zu nehmen. Ein genüsslicher Abschluss für einen Frauenspaziergang.

Babette's im Freihausviertel
www.babettes.at
1040, Schleifmühlgasse 17/ Ecke Mühlgasse 9
Öffnungszeiten: MO–FR 10.00–19.00 Uhr, SA 10.00–17.00 Uhr

Babette's Am Hof
1010, Am Hof 13
Öffnungszeiten: MO–FR 11.00–19.00 Uhr, SA 10.00–17.00 Uhr

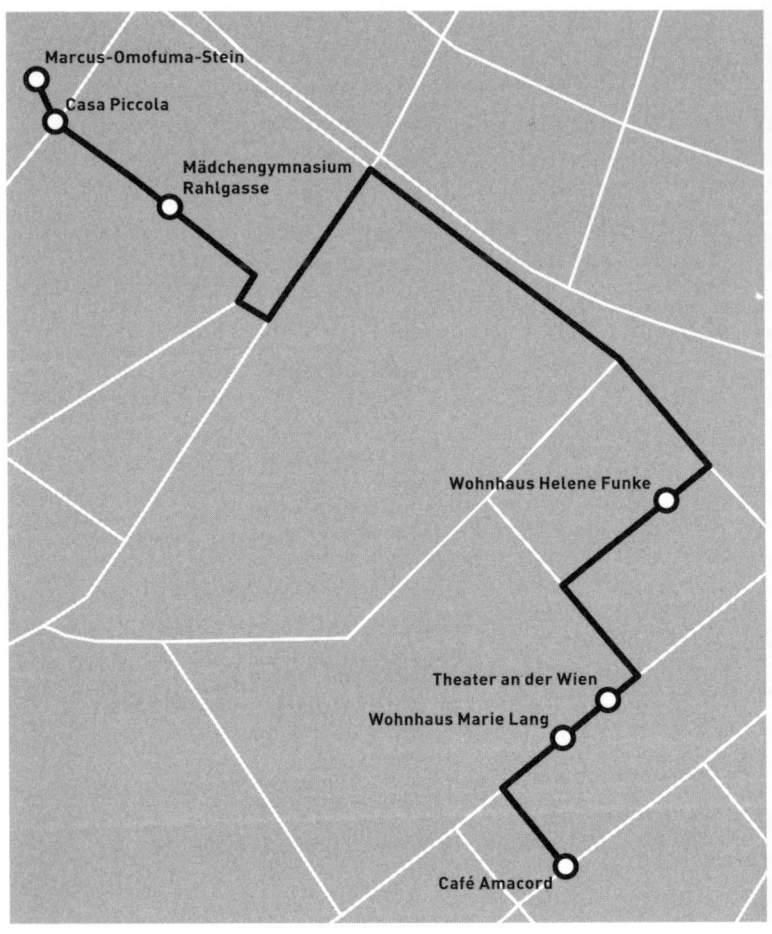

Dieser Spaziergang beginnt am unteren Ende der Mariahilfer Straße an der Ecke Rahlgasse. Der Ausgangspunkt ist entweder mit der U-Bahnlinie U2 (Station MuseumsQuartier) oder den Buslinien 2A (Station MuseumsQuartier) bzw. 57A (Station Getreidemarkt) zu erreichen.

Frauen werden sichtbar

Für Respekt der Menschenwürde
Ulrike Truger

Zur Rahlgasse führt eine Treppe, an deren oberen Ende der sogenannte Gänsemädchen-Brunnen steht. Ursprünglich für den Wiener Geflügelmarkt (Brandstätte, 1010 Wien) bestimmt, wechselt der Brunnen, auf dem die Darstellung einer von einer Gans begleiteten jungen Frau und zwei Wasser speienden, Flügel schlagenden Gänsen zu sehen ist, mehrmals seinen Platz, bis er schließlich 1886 seinen heutigen Aufstellungsort findet. Schräg gegenüber dem Brunnen ist neben einem Seiteneingang des Museumsquartiers eine schwarze Skulptur aus afrikanischem Granit der Bildhauerin Ulrike Truger zu sehen. Dieses Werk ist Erinnerung und Protest zugleich. Anlass für diese Arbeit ist der Tod des nigerianischen Asylwerbers Marcus Omofuma, der 1999 auf fahrlässige Weise, mit Klebebändern gefesselt und geknebelt, während seiner Abschiebung nach Bulgarien im Flugzeug von drei Polizisten getötet wird. Ulrike Truger stellt ihre aus breiten, glatten Bändern, die von grob belassener Steinfläche unterbrochen sind, bestehende Skulptur zunächst ohne Genehmigung und in Eigenregie direkt neben der Staatsoper auf, um gegen den Tod von Marcus Omofuma zu protestieren. Nach Verhandlungen mit der Gemeinde Wien wird die Skulptur an den heutigen Platz übersiedelt und ist seitdem häufig gewählter Ausgangspunkt für Demonstrationen gegen Rassismus und Kundgebungen für Menschenrechte. Ulrike Truger erobert sich hier nicht zum ersten Mal den öffentlichen Raum für ihre Werke. Eine weitere Figur mit dem Titel „Die Wächterin" befindet sich vor dem Burgtheater an der Ringstraße, als „Symbol für den Res-

Der Marcus-Omofuma-Stein beim MuseumsQuartier

pekt der Menschenwürde" und Protest gegen die Angelo-
bung der rechts-konservativen, österreichischen Regie-
rungskoalition im Jahr 2000. Auch dieses Monument wird
vier Jahre später von der Gemeinde Wien legalisiert.

Zwei starke Frauen
Lina Loos und Emilie Flöge

Wendet sich der Blick vom Marcus-Omofuma-Stein wieder zurück an die Ecke Rahlgasse/Mariahilfer Straße, so sind zwischen den Vitrinen eines Geschäftes zwei Gedenktafeln zu entdecken, die in blauer Farbe, den Wiener Straßenschildern ähnlich, gestaltet sind. Während die erste Gedenktafel an die Schauspielerin und Schriftstellerin Lina Loos erinnert, ist die zweite Tafel dem Modesalon der Schwestern Flöge, der sich bis 1938 im ersten Stock des Hauses befindet, gewidmet. Lina Loos (1882–1950), in jungen Jahren mit dem Architekten Adolf Loos verheiratet, wächst im Kaffeehaus ihrer Eltern, das jahrzehntelang als „Casa Piccola" an dieser Stelle betrieben wird, auf. Nach der Trennung von Adolf Loos 1905 kann sie ihrer eigenen, schauspielerischen und schriftstellerischen Karriere ungehindert und sehr bald mit großem Erfolg nachgehen, um – wie auf der Tafel zu lesen ist – sich selbst zu finden: „Man muss nur den Mut haben, alles auf die Spitze zu treiben. Wer ausweicht, weicht sich selbst aus. Und wer sich selbst ausweicht, findet sich nicht." Der letzte Teil des Zitats, der aus Platzgründen nicht mehr auf der Gedenktafel zu sehen ist, lautet: „Sieg oder Niederlage. Beides ist ein Sieg, wenn du frei bist für das Neue." Lina Loos spielt sich immer wieder „frei" für Neues und geht selbstbestimmt ihren Lebensweg. Nach dem Zweiten Weltkrieg engagiert sie sich in der Frauen- und Friedensbewegung und wird Vizepräsidentin des „Bundes demokratischer Frauen".

Ebenso selbstbewusst lebt und arbeitet Emilie Flöge. Gemeinsam mit ihren Schwestern betreibt die langjährige Lebensgefährtin Gustav Klimts einen exklusiven Modesalon, der mit seinen extravaganten Kleiderentwürfen – Emilie Flöge unterstützt die emanzipatorische Bewegung des Reformkleides ohne Korsett – in die Geschichte der Wiener Mode eingeht. Im Salon, dessen Inneneinrichtung von Koloman Moser und Josef Hoffmann gestaltet ist, präsentiert die außerordentlich kreative Modedesignerin ihre unkonventionelle und exklusive Mode und empfängt hier ihre wohlhabende Kundschaft. Die Wirtschaftskrise der Zwischenkriegszeit und die Vertreibung ihrer meist jüdischen Kundinnen zwingen sie schließlich, den Modesalon aufzugeben. Aus den letzten Lebensjahren Emilie Flöges ist wenig bekannt, 1952 stirbt sie, nachdem sie ihre letzten Lebensjahre zurückgezogen aus der Öffentlichkeit verbracht hat. Umgeben vom Mythos, Gustav Klimts Muse gewesen zu sein und in Erinnerung gehalten durch Werbefotografien, die sie in ihren fließenden, kunstvollen Kleidern zeigen, wird sie zur Kunstfigur. Wie sie selbst ihre Beziehung zu Klimt und ihre eigene Arbeit gesehen hat, bleibt verborgen.

Erste öffentliche Mädchenschule Rahlgasse

Über die Rahlstiege führt der Weg hinunter zu einem Schulgebäude. In der Rahlgasse 4 befindet sich ein geschichtsträchtiges Gymnasium, an dessen Außenfassade mit drei Gedenktafeln an bedeutende Frauen der Wiener Schulgeschichte erinnert wird: Marianne Hainisch, bürgerliche Frauenrechtlerin der Ersten Frauenbewegung,

Gertrud Herzog-Hauser, ehemalige Schülerin und Direktorin der Schule, und Marietta Blau, ebenfalls ehemalige Schülerin und Physikerin.

Über 500 Jahre bleiben den Frauen die Tore der Wiener Universität völlig verschlossen. Als eine der ältesten Universitäten Europas wird sie schon 1365 gegründet, aber erst 1897 (532 Jahre später) öffnet mit der Philosophischen Fakultät die erste universitäre Einrichtung ihre Pforten für weibliche Hörer. Nur zögerlich folgen die anderen Fakultäten: 1900 die Medizinische Fakultät, 1919 die Juridische Fakultät, die Tierärztliche Hochschule, die Technische Hochschule und die neu gegründete Hochschule für Welthandel. Erst ab 1920/21 können Frauen an der Akademie der bildenden Künste studieren, ab 1922 an der evangelisch-theologischen Fakultät und ab 1945 an der katholisch-theologischen Fakultät. Nachdem der Staat sehr lange keine Anstalten zeigt, Mädchen zu höherer Bildung zuzulassen, organisieren vor allem Privatinitiativen höhere Mädchenbildung. Es sind gerade im Bereich der Mädchenlyzeen auffallend viele jüdische Frauen, die Schulen gründen, unterrichten und sie teilweise auch selbst leiten. Im aufsteigenden Bürgertum gewinnt Bildung immer mehr an Bedeutung, und für den jüdischen Teil der Bevölkerung gehört Bildung – auch die der Töchter – zum guten Ton. Hinzu kommt die Hoffnung auf gesellschaftliche Anerkennung und Integration mit vollen Bürgerrechten. Nicht zuletzt könnte auch die jahrhundertelange Erfahrung von Vertreibung und Verfolgung eine große Rolle gespielt haben: Bildung kann überallhin mitgenommen werden und Basis für finanzielle Sicherheit und Unabhängigkeit sein.

1892 gründet der „Verein für erweiterte Frauenbildung"
ein Mädchengymnasium und bezieht die ersten Räumlichkeiten für den Unterricht in der Wiener Innenstadt,
um 1910 in die freizügigeren Räume der Rahlgasse 4 zu
übersiedeln. Dem „Frauenerwerbsverein", bis dahin an
dieser Adresse ebenfalls mit einer Mädchenschule ange-
siedelt, ist es zwischenzeitlich gelungen, die Finanzierung
eines eigenen großen Schulbaus am Wiedner Gürtel 68 zu
sichern und dorthin zu übersiedeln. Die erste, als öffentli-
ches, humanistisches Mädchengymnasium anerkannte
Schule findet hier ihren Standort.

Für Mädchenbildung und Frauenrechte Marianne Hainisch

Marianne Hainisch (1839–1936) unterstützt in vielerlei
Hinsicht die Einführung der öffentlichen Mädchenbildung
und die Zulassung von Frauen an den Universitäten. Unter
anderem sammelt sie Unterschriften für Petitionen und
organisiert Treffen mit Vertreterinnen der Frauenbewegung. 1870 hält sie während der dritten Generalversamm-
lung des „Wiener Frauenerwerbsvereins" eine viel beachtete Rede „Zur Frage des Frauenunterrichts", in der sie
betont, dass jungen Frauen zwei wesentliche Dinge beige-
bracht werden sollten: „... dass sie weniger Gefallen als
Achtung erringen wollen und ... dass sie Praktisches,
Tüchtiges lernen müssen, damit sie ihr Brot nicht von der
Laune des Glücks erwarten dürfen, sondern es sich selbst
schaffen können". Obwohl sich Marianne Hainisch bis an

ihr Lebensende der Gleichberechtigung von Frauen und Mädchen einsetzt, stellt sie die gesellschaftliche, politische und wirtschaftliche Macht der Männer nicht grundsätzlich infrage. So bleibt sie der Meinung, dass der Ausbildung von Mädchen zu Hausfrauen und Müttern nach wie vor ein wesentlicher Platz im Lehrplan einzuräumen sei. Ähnlich sieht das auch Gertrud Herzog-Hauser, später Schülerin und Direktorin der Schule. Sie spricht von einer „bewussten Bejahung des Doppelberufes der Frau".

Marianne Hainisch

Pionierin und Bewahrende
Gertrud Herzog-Hauser

Gertrud Herzog-Hauser (1894–1953) zählt zu den ersten Schülerinnen des Rahlgassengymnasiums, nachdem es den verschiedensten Frauenbildungsvereinen gelungen ist, für dieses erste und lange Zeit einzige humanistische Mädchengymnasium die staatliche Anerkennung zu erkämpfen. Den Schülerinnen wird damit die Zulassung zu einem Hochschulstudium ermöglicht, wenngleich manche Fakultäten Frauen erst viele Jahre später zulassen.

Die hochintelligente Gertrud Herzog maturiert 1912 in dieser Schule und beginnt unmittelbar danach Klassische Philologie, Altertumskunde, Germanistik und Philosophie in Wien und Berlin zu studieren. Auch wenn sich die neueren Strömungen ihrer Hauptstudienrichtung und ihrer großen wissenschaftlichen Leidenschaft, der Klassischen Philologie, noch nicht in ihrer Dissertation „Harmonias Halsband" (1916) niederschlagen, in ihrer Habilitation 1932 arbeitet sie schon interdisziplinär und lässt Methoden aus verschiedenen anderen Wissenschaftsbereichen in ihre Arbeit einfließen. Gertrud Herzog legt 1917 ihre Lehramtsprüfung ab und unterrichtet zunächst in der Albertgasse im achten Bezirk an einem Mädchenrealgymnasium, um wenig später in ihre ehemalige eigene Schule als Lehrerin zu wechseln. Zwischen ihrer Lehramtsprüfung 1917 und ihrer Vertreibung durch das nationalsozialistische Regime 1938 zeigt sich Gertrud Herzog mit unglaublicher Energie, vielseitigen Tätigkeiten und beeindruckendem Engagement: Sie gestaltet kommentierte Schulausgaben zu Texten von Ovid und Vergil, engagiert sich im Bereich der Erwachsenenbildung als charismatisch vortragende Referentin für Altertum in der Volkshochschulbewegung und arbeitet zugleich an ihrer Habilitation. Sie veröffentlicht Artikel sowohl in den Fachmedien ihres Wissenschaftsbereiches als auch zum Thema Mädchenbildung. In diesem politischen Feld äußert sie sich widersprüchlich wie viele Frauen ihrer Generation. So polemisiert sie gegen „Blaustrümpfe" und den „weiblichen Fachmann", während sie gleichzeitig die Förderung von Mädchen und den freien Zugang zu Universitäten für Frauen vertritt. Gerade hier ist sie selbst Pionierin. Sie ist 1932 die erste habilitierte Österreicherin der Klassischen Philologie, erst 62 Jahre später wird ihr an der Innsbrucker Universität die erste ordentliche Professorin in dieser Wissenschaft nachfolgen. Eine wissenschaftliche Karriere mit ordentlicher Professur bleibt Herzog-Hauser dennoch versagt. Sie arbeitet weiterhin nebenberuflich als Lehrerin und wird 1937 schließlich zur Direktorin des Gymnasiums in der Rahlgasse ernannt. Ein großer persönlicher Erfolg, aber die Freude über diesen Karriereschritt währt nicht lange. Schon eine Woche nach dem Anschluss Österreichs an Hitlerdeutschland übernimmt die überzeugte Nationalsozialistin Irmgard Scholz ihren Platz. Die nationalsozialistische Rassenlehre macht Gertrud Herzog, die zum Katholizismus übergetreten und praktizierende Christin ist, wieder zur Jüdin. Sie flüchtet schließlich ohne ihren Ehemann, dem Maler und Regimegegner Carry Hauser, nach Holland. Ihr vierjähriger Sohn Heinrich kann 1939 mit einem der Kindertransporte nach Großbritannien gerettet werden. Die Familie überlebt schließlich die nationalsozialistische Gewaltherrschaft in verschiedenen Ländern. Gertrud Herzog-Hauser bleibt in ihrem

Gertrud Herzog-Hauser

Versteck in Holland unentdeckt, Carry Hauser überlebt in der Schweiz. Erst 1946 ist die gesamte Familie wieder vereint und kehrt nach Wien zurück. Dort aber sind sie nicht gerne gesehen: „Man mochte die zurück gekehrten Exilanten nicht, weil sie allein durch ihre Existenz ständig an die Verbrechen gemahnten, an welchen die Österreicher als Täter, Mitläufer und Zuschauer beteiligt waren", schreibt Renate Göllner.

Gertrud Herzog-Hauser versucht mit 52 Jahren an die Zeit vor 1938 anzuknüpfen – es gelingt ihr nicht. Zwar erhält sie 1947 den Titel eines „außerordentlichen Professors" und übernimmt die Leitung eines altphilologischen Seminars für Lehramtskandidatinnen, der große Wunsch einer Wissenschaftskarriere geht dennoch nicht in Erfüllung. Einen letzten Anlauf versucht sich noch mit ihrer Bewerbung 1949 an der Universität Innsbruck. Die noch immer wirkende nationalsozialistische Ideologie verhindert aber ihre Bestellung. Ein „einflussreiches Mitglied" des Lehrkörpers spricht sich in einem Brief an einen Wiener Kollegen offen gegen die Berufung Gertrud Herzog-Hausers aus: „Weil sich sonst niemand recht rühren wollte, wandte ich mich ziemlich scharf gegen die Nennung einer älteren Dame für einen solchen Lehrstuhl. Wichtiger war mir dabei aber, was ich begreiflicherweise nicht offen aussprach, dass wir keine Jüdin haben wollen, mag sie auch persönlich, wie behauptet wurde, sehr nett sein." Kleingeistige Niedertracht und offener Antisemitismus sprechen aus diesen Zeilen und verhindern, dass eine hochintelligente, gebildete und fähige Philologin einen Lehrstuhl übernimmt, um ihn mit pädagogischem und didaktischem Können neu zu beleben. Die Universität Innsbruck verzichtet damit auf eine hochqualifizierte Expertin und zugleich auf die Chance einer zumindest ansatzweise möglichen Wiedergutmachung. Gertud Herzog-Hauser stirbt wenige Jahre später 1953 im Alter von 59 Jahren.

Zertrümmerungssterne und Bruchstücke einer Karriere
Marietta Blau

Ein ähnliches Schicksal widerfährt der Physikerin Marietta Blau (1894–1970). Auch Marietta Blau maturiert im Mädchengymnasium der Rahlgasse mit Auszeichnung und studiert im Anschluss daran als eine der ersten Frauen an der Universität Wien Physik und Mathematik. Vor ihrer Vertreibung aus Österreich entwickelt Marietta Blau eine fotografische Methode zur Registrierung von Kernteilchen, die sie auf Fotoplatten sichtbar macht und deren Spuren sie „Zertrümmerungssterne" nennt. 1938 emigriert sie zunächst nach Norwegen, erhält später auf Empfehlung von Albert Einstein einen Ruf an die Technische Hochschule in Mexico City und übersiedelt schließlich in die Vereinigten Staaten. Nach dem Krieg kehrt Marietta Blau wie Gertrud Herzog-Hauser wieder nach Österreich zurück. Die ihr gebührende Anerkennung und Auszeichnung erhält sie jedoch ebenso wenig wie eine gesicherte Arbeitsstelle. Am Radiuminstitut geht sie ihrer Leidenschaft zu forschen dennoch nach und betreut darüber hinaus Dissertationen von Nachwuchswissenschaftlerinnen. 1962 erhält sie von der Österreichischen Akademie der Wissenschaften den Schrö-

Marietta Blau

dinger-Preis, ohne jedoch in die Akademie aufgenommen zu werden. Durch ihre Vertreibung, ihr langjähriges Exil und die ungesicherten Arbeitsverhältnisse konnte Marietta Blau formal keine Rentenansprüche erwerben, und das offizielle Österreich ist, immer noch der Ansicht, selbst Opfer gewesen zu sein, nicht zu Wiedergutmachungszahlungen oder Pensionen für Vertriebene bereit. Trotz der Bemühungen einiger Wiener Freunde, die Wissenschaftlerin, die mittlerweile schwer krank und nicht mehr arbeitsfähig ist, finanziell zu unterstützen, verarmt Marietta Blau zusehends und stirbt 1970 im Alter von 76 Jahren. Heute erinnert nicht nur die Gedenktafel an ihrer ehemaligen Schule, sondern auch ein Vorlesungssaal im Hauptgebäude der Wiener Universität an der Ringstraße an sie. Ein Stipendium des Österreichischen Austauschdienstes trägt ebenfalls ihren Namen. Auch mit Publikationen zu ihrem Leben und ihren Forschungsergebnissen wird die Erinnerung an diese außergewöhnliche Wissenschaftlerin wach gehalten. Auf diese Weise wird ihr, wenn auch verspätet, die gebührende Anerkennung zuteil.

Am anderen Ende des kleinen, verkehrsberuhigten Platzes vor der Rahlgassen-Schule beginnt die Gumpendorfer Straße. Auf der linken Seite ist bald die stark befahrene Straße des Getreidemarktes zu sehen. An dieser Kreuzung führt der Weg nach rechts ein Stück die laute, mehrspurige Fahrbahn entlang, bis ein paar Treppen einen kleinen Niveauunterschied zur Papagenogasse hinunter überwinden. Hier, an der Adresse Papagenogasse 1a lebt bis zu ihrem Tod die Malerin Helene Funke.

Szenen eines Künstlerinnenlebens
Helene Funke

Mehrere Kunsthistorikerinnen und zuletzt ihr Neffe Peter Funke haben in den vergangenen Jahren mit ihren
intensiven Recherchen versucht, die Lebensgeschichte
Helene Funkes (1869–1957) nachzuzeichnen und ihre
verschollenen Werke aufzuspüren. Doch die Künstlerin
bleibt rätselhaft, nicht zuletzt auch deshalb, weil kaum
Selbstzeugnisse erhalten geblieben sind. Eine Erzählung
der Geschichte Helene Funkes kann wie so viele Erzählungen von weiblichen Lebensgeschichten deshalb wiederum nur ein Versuch der Annäherung sein.

Helene Funke wächst als einziges Mädchen unter vier
Brüdern in einer gut situierten, bürgerlich-konservati-
ven Industriellenfamilie in Chemnitz (Sachsen) auf. Ihr
Vater Hermann ist Kaufmann, ihre Mutter Auguste Funke (geb. Freiin d'Orville von Löwenclau) entstammt einer
flämisch-französischen Adelsfamilie. Helene erhält mit
dem Besuch einer Privatschule für Mädchen die damals
übliche Ausbildung, wahrscheinlich mit dem Ziel, Haus-
frau und Mutter zu werden. Erst im Alter von dreißig
Jahren verlässt sie, unverheiratet und kinderlos, ihre
Familie, um ein unabhängiges Leben als Künstlerin zu
beginnen. Dieser neue, eigene Lebensentwurf führt vermutlich zum Bruch mit ihrer Familie. Sie geht nach München und nimmt, da Frauen zu diesem Zeitpunkt von den
Kunstakademien ausgeschlossen sind, in einer der ersten Frauenmalschulen, der sogenannten „Damenakade-
mie", Privatunterricht. 1905 geht sie nach Paris, wo sie
im selben Haus wohnt, in dem Gertrude Stein ihren intellektuellen und künstlerischen Salon führt. Ob daraus

geschlossen werden kann, dass sie Kontakt zu Stein und ihrem Kreis hatte, ist fraglich. Konkrete Hinweise darauf gibt es nicht. Wie sehr sie jedoch von den neuen Strömungen der Pariser Kunstszene beeinflusst wird, zeigt sich in ihren Bildern. Beeindruckt von der Gruppe der Fauvisten, die sich 1904 um Henri Matisse, Georges Rouault, Georges Braque u. a. gegründet hat, geht auch sie zu kräftigem Farbausdruck und dem Spiel mit Perspektiven über und entwickelt ihren eigenen Stil. Ihre Werke kann Helene Funke während ihres Paris-Aufenthalts mehrmals im Salon d'Automne (Herbstsalon) ausstellen. In dieser Verkaufsausstellung, an der sich 1907 544 Künstler und 87 Künstlerinnen beteiligen, präsentieren auch Gabriele Münter und Wassily Kandinsky ihre Werke. Hat sie durch diese gemeinsame Präsentation persönliche Kontakte zu diesen Künstlern und Künstlerinnen? Auch diese Frage bleibt unbeantwortet. Während ihrer Pariser Zeit stellt sie auch Bilder in Dresden und Wien aus, daneben unternimmt sie vermutlich Reisen nach Südfrankreich und in die Bretagne – die Motive ihrer Bilder weisen darauf hin. 1910 ist Funke mit ihren Ölbildern „Kinderportrait" und „Küstenlandschaft" in der Ausstellung „Die Kunst der Frau" in der Wiener Secession vertreten.

Viele Kolleginnen Helene Funkes verlassen in diesen Jahren das konservative Wien, um in das künstlerisch aufregendere Paris zu übersiedeln. Funke nimmt den umgekehrten Weg. Was sie bewegt hat nach Wien zu gehen, kann nur vermutet werden. Diverse Zeugnisse dieser Jahre und auch Aufzeichnungen aus späterer Zeit lassen verschiedene Interpretationen zu. Fest steht jedoch, dass sie sich ab 1911 fast jährlich an den Ausstel-

lungen des „Vereins bildender Künstlerinnen" in Österreich beteiligt, bei dem sie u. a. korrespondierendes Mitglied ist. Neben ihrer engen Zusammenarbeit mit dem
„Verein der bildenden Künstlerinnen" stellt sie ihre Bilder auch in Dresden und Stockholm aus. Sie tritt 1918
der fortschrittlichen Kunstvereinigung „Bewegung"
(später „Freie Vereinigung") bei, präsentiert ihre Werke
zudem weiterhin in der Wiener Secession und ist an Ausstellungen des Hagenbundes in der Zedlitzhalle im ersten Bezirk beteiligt. 1920 kauft das österreichische
Staatsamt für Inneres und Unterricht das Bild „Musik"
um 10.000 Gulden an. Zu diesem Zeitpunkt ist Helene
Funke fünfzig Jahre alt und eine gefragte Künstlerin,
deren Arbeiten anerkannt werden. So würdigen Erica
Tietze-Conrat (die erste promovierte Kunsthistorikerin
Österreichs) und ihr Ehemann Hans Tietze ihre Arbeiten
in verschiedenen Artikeln. 1923 malt Oskar Laske sein
Bild „Narrenschiff" und stellt sie als einzige Malerin im
grünen Kleid mit Pinsel und Palette dar. Sie tritt 1925
dem „Bund österreichischer Künstler" bei und ist gemeinsam mit Herbert Boeckl, Albert Paris Gütersloh,
Broncia Koller-Pinell und Anton Kolig an einer Ausstellung im Wiener Künstlerhaus beteiligt. Ihr Künstlerkol-
lege Herbert Boeckl wird ihre Arbeit nach dem Zweiten
Weltkrieg als „vorbildhaft für die junge Künstlerschaft"
beschreiben. Nach der Spaltung der „Vereinigung bildender Künstlerinnen" im Anschluss an deren Ausstellung
1925 in der Wiener Secession schließt sich Helene Funke
der progressiveren Gruppe „Wiener Frauenkunst" an
und präsentiert während der ersten Ausstellung im
Österreichischen Museum für Kunst und Industrie
1927/28 dreißig ihrer Werke. 1928 erhält sie den öster-

reichischen Staatspreis für ihr Bild „Tobias und der Engel", das sich heute in der Kunstsammlung Chemnitz befindet.

Nach all diesen Erfolgen und Aktivitäten in der Zwischenkriegszeit wird ihre Karriere mit dem Zweiten Weltkrieg de facto beendet und sie verarmt zusehends. Sie lebt während des Krieges sehr zurückgezogen, tritt aus der Berufsvereinigung der bildenden Künstler aus, weil sie die Mitgliedsbeiträge nicht zahlen kann und wird von ihrer Freundin Elisabeth Kowalski (1893–1976) über den Winter in deren Wohnung aufgenommen. Nach dem Krieg beantragt sie die österreichische Staatsbürgerschaft, wahrscheinlich um staatliche Sozialhilfe empfangen zu können. In ihren letzten Lebensjahren gelingt es ihrem Freund Jorg Lampe immer wieder, Ausstellungen für sie zu organisieren. Ihm ist es auch zu verdanken, dass einige Ankäufe ihrer Werke durch den Staat getätigt werden, um ihre Armut zu lindern, an der sie unter Umständen auch selbst ihren Anteil hatte. Diskret merkt Lampe in einem Brief aus dem Jahr 1957 an das Ministerium für Unterricht und Kunst an: „Sollte sich jedoch das Unterrichtsministerium bereit erklären, das Bild zu kaufen, wäre es kaum angebracht, Frau Funke das Geld zu überweisen, weil tatsächlich Gefahr bestünde, dass sie es ‚verstreute', wobei ich mich über die Art dieses Verstreuens nicht näher äußern möchte." Diese Andeutung eröffnet das Feld der Spekulation über ihren möglichen Lebensstil oder auch ihren Gesundheitszustand in alle nur erdenklichen Richtungen. 1955 wird der Künstlerin der Professorentitel der Akademie der Bildenden Künste verliehen, nur wenig später, am 31. Juli 1957, stirbt Helene Funke im Alter von 88 Jahren in ihrer Wohnung. Sie hinterlässt Elisabeth Kowalski einige ihrer Gemälde und Grafiken. Auch Jorg Lampe erhält Werke von Helene Funke, die dessen Ehefrau Inge Lampe als „Nachlass Helene Funke 1868–1957" kennzeichnet. Danach gerät die Künstlerin in nahezu völlige Vergessenheit. Erst 1998 präsentiert die Wiener Kunsthandlung Hiecke ihre Arbeiten in einer Ausstellung und mit einem Katalog. 2007 widmet das Linzer Kunstmuseum Helene Funke eine umfassende Retrospektive mit 125 Werken und holt die Künstlerin und ihr Schaffen aus der Vergessenheit.

Am Ende der kurzen Pagagenogasse ist über einem Seiteneingang des Theaters an der Wien jene Papageno-Figur aus Mozarts Zauberflöte abgebildet, die für die kleine Gasse Namen gebend ist. Rechts davon sind mehrere Gedenktafeln zu sehen, unter anderem die Erinnerung an Marie Geistinger, eine beliebte Schauspielerin und Sängerin ihrer Zeit und gemeinsam mit Maximilian Steiner auch kurzzeitig Direktorin des Theaters. Vor diesen Gedenktafeln stehend führt der Weg nach links weiter bis zur Linken Wienzeile und rechts abbiegend zur Hausnummer 6, dem Haupteingang des Theaters an der Wien.

Mit der Geschichte des Theaters an der Wien sind nicht nur ihr Gründer Emmanuel Schikaneder – er war ein Librettist Mozarts und erster Papageno-Darsteller – oder Johann Strauß mit seinen legendären Operettenaufführungen verbunden. Auch zahlreiche andere Komponisten, Dirigenten und Schauspieler haben hier Musikgeschichte geschrieben. Mindestens ebenso viele Frauen wie Männer lassen sich in Zusammenhang mit dem Theater an der Wien nennen: Neben den Direktorinnen

Marie Geistinger und Alexandrine Schönerer gehen auch Josefine Gallmeyer, Henriette Treffz und Rosette Anday in die Theatergeschichte ein, um nur einige wenige hervorzuheben. Seit 2010 steht auch die Konzept- und Medienkünstlerin VALIE EXPORT (siehe S. 173) in Beziehung zu diesem Theater. Gemeinsam mit der Architektin Golmar Kempinger-Khatibi gestaltet sie Fassade und Vordach sowie die Installation „Anagrammatische Komposition mit Würfelspiel (nach W. A. Mozart, Klavier) für Sopransaxophon" im Eingangsbereich. Völlig unbekannt ist jedoch die Tatsache, dass im Dachgeschoss des Hauses weitere Spuren weiblicher Kunstgeschichte zu finden sind. So arbeitet die Porträtmalerin Malva Schalek bis in die 1930er-Jahre in einem weitläufigen Atelier unter dem Dach des Theaters.

Die große Kunst des einfühlsamen Porträts
Malva Schalek

Auch die Lebensgeschichte der Künstlerin Malva Schalek lässt sich schwer rekonstruieren. Die vorhandenen Darstellungen ihrer Person wirken heroisierend, manche weisen Lücken und widersprüchliche, zuweilen auch falsche Daten auf. Über Zeitungsartikel, die einige ihrer Werke kommentieren, erzählte Erinnerungen und Aufzeichnungen in den Archiven und Melderegistern lassen sich einige ihrer Lebenswege nachzeichnen, wenngleich viele dieser sehr verschiedenen Quellen noch zu überprüfen sind. Für sich selbst sprechen lediglich ihre Bilder und auch hier variieren die

Angaben über die genaue Zahl der erhaltenen Zeichnungen und Ölgemälde. In Wien befinden sich zwei ihrer Werke im Wien Museum: das Porträt des Schauspielers Max Pallenberg und die Abbildung des Salons der Burgschauspielerin Katharina Schratt. Ein umfangreicherer Teil ihrer Werke ist im „Beit Lohamei Haghetaot – Ghetto Fighters House Museum" in Israel ausgestellt. Zudem dürften sich einige Bilder im Besitz von Familienangehörigen, Erbinnen und Erben befinden. Betrachtet man die vorhandenen und öffentlich zugänglichen Werke, so lässt sich auch der eine oder andere Rückschluss auf die Arbeitsweise und Persönlichkeit der Künstlerin ziehen: Die Bildsprache Malva Schaleks folgt keiner der künstlerischen Moden und Kunstrichtungen ihrer Zeit. Sie scheint nicht auf der Suche nach neu-

Malva Schalek

en, modernen künstlerischen Ausdrucksformen gewesen zu sein, weder expressionistische noch abstrahierende Kunstexperimente finden sich in ihrem erhaltenen Werk. – Malva Schalek ist vor allem feinfühlige Porträtistin. Sie malt Kinder beim Spielen oder mit ihren Müttern und selbstbewusste Frauen in eleganten Kleidern. Auch Künstler und Mitglieder des österreichischen und tschechischen, meist jüdischen, Bürgertums lassen sich von ihr abbilden. Malva Schalek setzt ihre Auftraggeberinnen und Auftraggeber nicht in Szene, lässt sich vom vordergründigen Auftreten ihrer Modelle offensichtlich nicht beeindrucken. Ihr Talent ist es, hinter die Kulissen der Persönlichkeit zu blicken und die individuelle Einzigartigkeit der jeweiligen Person festzuhalten. Malva Schaleks Porträts sind berührend, der Ausdruck, die Stimmung jedes einzelnen von ihr gemalten Menschen geht nahe, vor allem bei jenen Porträts, die sie im Konzentrationslager Theresienstadt angefertigt. Dort hält sie auch Szenen des Lageralltags fest, datiert und beschriftet die Porträts der abgebildeten Menschen akribisch mit Namen, Datum und Ort. Manchmal findet sich auch eine Widmung auf den Bildern. Sie sind damit einzigartige und historische Zeugnisse – die meisten dieser Menschen, vielleicht alle – werden wenig später ermordet. Auch Malva Schalek wird ermordet, im Alter von 62 Jahren in Auschwitz, nachdem sie zweieinhalb Jahre in Theresienstadt interniert war. Einige ihrer Bilder werden gerettet und der überlebenden Familie ihres Bruders Robert Schalek in Prag übergeben. Der Großteil ihrer Werke bleibt jedoch verschollen, und so manche historische Recherche zu ihrer Lebensbiografie endet weiterhin im Nichts.

Die Lebensgeschichte Malwina (Malva) Schaleks beginnt am 18. Februar 1882 in Prag. Hier wird sie als jüngste Tochter von Balduine Schalek (geb. Simon) und deren Ehemann Gustav geboren. Ihre Eltern betreiben eine Buchhandlung mit Leihbibliothek, auch von einer „Musikhandlung Schalek" und einem weiteren Geschäft „Möbel Schalek" ist zu lesen. Die Eltern werden als gebildet, modern und liberal gesinnt beschrieben. Sowohl die Buchhandlung wie auch deren Wohnung, die sich in demselben Gebäude befindet, könnten ein Treffpunkt tschechischer Intellektueller gewesen sein. 1889 stirbt

Gustav Schalek überraschend im Alter von 53 Jahren, wahrscheinlich an einem Schlaganfall, und hinterlässt seine junge Frau als Witwe mit vier Kindern. Die jüngste Tochter Malva ist gerade acht Jahre alt. Balduine Schalek führt das Unternehmen alleine weiter und heiratet wenige Jahre später den Arzt Ludwig Schnitzer, um ihm schließlich mit ihren Kindern nach Hohenelbe in die Gegend des Riesengebirges zu folgen. Sie fördert das früh erkannte künstlerische Talent ihrer Tochter Malva und ermöglicht ihr eine entsprechende Ausbildung. Wie ihr Ausbildungsweg jedoch im Detail verläuft, ist erneut schwer zu rekonstruieren. So meinen manche Quellen, Malva hätte ihre erste künstlerische Ausbildung schon an der Mittelschule für bildende Kunst in Prag und Hohenelbe erhalten, andere wiederum sprechen von einer höheren Töchterschule, die sie zuerst beendet, um anschließend in München und Wien privaten Kunstunterricht zu nehmen. Die zeitliche Abfolge dieser Ausbildungsschritte lässt sich nur schwer nachvollziehen. Auch die Namen der Lehrenden sind heute wenig bekannt. Malva Schalek erhält offensichtlich eine einjährige Ausbildung an der Münchner Frauenakademie bei Heymann und Thor sowie Privatstunden bei der Wiener Malerin und Porträtistin Marie Olga Rosenthal-Hatschek. Fest steht in jedem Fall, dass sie schließlich nach Wien übersiedelt und ab 1912 in der Schelleingasse 23 im vierten Bezirk wohnt. 1917 bezieht sie ein Dachatelier mit angeschlossener Wohnmöglichkeit in der Linken Wienzeile 6. Ihr Onkel Josef Simon ist Eigentümer des Gebäudes, in dem sich auch das Theater an der Wien befindet. Josef Edler von Simon, vom Kaiserhaus geadelt, ist ein hochangesehenes Mitglied verschiedener österreichischer

Atelier von Malva Schalek

und ungarischer Eisenbahngesellschaften, Mitbegründer des Musikverlages Universal Edition und Miteigentümer des Theaters an der Wien, das er gemeinsam mit Leon Doret und Baron Emil Kubinsky von Alexandrine Schönerer erwirbt. Josef Simon ist umtriebiger Kunstförderer, der eine beachtliche Sammlung an Gemälden und Bildern, unter anderem von Hans Makart, Peter Fendi, Emil Jakob Schindler, Anton Romako, Rudolf von Alt und Ferdinand Georg Waldmüller besitzt. In einem erhaltenen Notariatsakt gibt Josef Simon selbst an, dass er „ausser dieser Bildersammlung ... ein Museum für Alt-Wiener Musik ... (mit einer) Sammlung, die nahezu 16.000 Nummern umfasst", besitzt. Der leidenschaftliche Kunstmäzen ist zudem stolzer Besitzer zahlreicher Manuskripte und Autografen der Komponisten Josef Lanner, Johann Strauß Vater und Sohn, mit dem er verschwägert und eng befreundet ist. Ein Teil des Briefwechsels zwischen Johann Strauß Sohn und Josef Simon ist erhalten geblieben. Seine kostbare Sammlung stellt er zu Lebzeiten der Öffentlichkeit zur Besichtigung im Erdgeschoß seines Wohnhauses Schottengasse 7 im ersten Bezirk zur Verfügung. Ständig in Kontakt mit Künstlern und der bürgerlichen Oberschicht ist es durchaus denkbar, dass Josef Simon seiner Nichte immer wieder Aufträge vermitteln konnte, um sie zu unterstützen. Malva Schalek hat außer dieser Kontakte in Wien auch Auftraggeberinnen und Auftraggeber in der Gegend des sogenannten Sudetenlandes und reist regelmäßig nach Aussig, Türmitz und Prag. Im Sommer fährt sie häufig nach Bad Ischl, wo sich ihr Onkel Josef Simon und Johann Strauß Sohn ein Sommerhaus teilen. Malva Schalek erfüllt jedoch nicht nur private Aufträge, sondern präsentiert mehrere Male ihre Landschaftsbilder, Stillleben und Innenansichten von Wohnungen in Ausstellungen. So ist sie 1910 in der Wiener Secession mit dem Ölbild „Interieur", 1917 bei der elften Jahresausstellung des österreichischen Künstlerbundes mit zwei Werken und 1925 in einer Präsentation des Verbandes bildender Künstler, Wiener Heimatkunst vertreten. Auch in ihrem Dachatelier finden wahrscheinlich Ausstellungen statt. So hat Malva Schalek angeblich mehrere Porträts von Vertreterinnen der bürgerlichen Frauenbewegung und des „Vereins berufstätiger Frauen" angefertigt. Es heißt, Gisela Urban, Mitbegründerin des „Bundes österreichischer Frauenvereine", hat die Frauen ihrer Organisation aufgefordert, sich von Malva Schalek porträtieren zu lassen, um sie zu unterstützen. Eine Auswahl dieser Bilder soll 1937 in ihrem Atelier an der Wienzeile gezeigt worden sein. Es ist durchaus denkbar, dass Malva Schalek durch Wirtschaftskrise und zunehmenden Antisemitismus immer weniger Aufträge erhält. Im darauffolgenden Jahr zwingt der Anschluss an Hitlerdeutschland Malva Schalek zur Flucht. Sie muss den Großteil ihrer Werke in Wien zurücklassen und flieht mit ihrer Tante Emma Richter und ihrer Haushälterin Grete Kohn-Knoll zu ihrem älteren Bruder Robert Schalek nach Leitmeritz. Als das Sudetenland ebenfalls von den nationalsozialistischen Truppen besetzt wird, versucht sich Malva Schalek nach Prag zu retten. Von dort wird sie am 8. Februar 1942 in das Konzentrationslager Theresienstadt deportiert. Sie ist zu diesem Zeitpunkt sechzig Jahre alt und leidet unter Magenbeschwerden. Dennoch gelingt es ihr durchzuhalten und weiterhin zu zeichnen und zu porträtieren. Die Künstlerin und Begründerin der Kunsttherapie Friedl Dicker-Brandeis ist zur selben Zeit in Theresienstadt und versucht traumatisierten Kindern mit den Mitteln der Kunst zu helfen, das Erlebte zu bewältigen und die grauenvolle Gegenwart zu ertragen. Ob die beiden Künstlerinnen einander begegnet sind, bleibt ungewiss.

1944 erhält das Internationale Komitee vom Roten Kreuz die Erlaubnis, das Konzentrationslager zu besichtigen. Um Theresienstadt als „Vorzeigeghetto" mit „prominenten Juden" präsentieren zu können, wird die Stadt von Tausenden aus Auschwitz herbeitransportierten Häftlingen „verschönert" und ein Propagandafilm mit dem Titel „Theresienstadt. Ein Dokumentarfilm aus dem jüdischen Siedlungsgebiet" gedreht. Die Inhaftierten werden gezwungen mitzuwirken. Nach dem Besuch des Roten Kreuzes scheint Theresienstadt seine „Vorzeigefunktion" erfüllt zu haben und die Massentransporte in das Vernichtungslager Auschwitz werden fortgesetzt. Malva Schalek wird schon vorher, am 18. Mai 1944, nach Auschwitz deportiert. Angeblich soll sie sich geweigert haben, einen Kollaborateur zu porträtieren. Die genauen Umstände und das Datum ihres Todes sind nicht bekannt.

Eine sensible, feinsinnige, zerbrechlich wirkende Frau und Künstlerin wird damit Opfer einer grausamen, willkürlichen Massenvernichtung. Den überlebenden Mithäftlingen und den Nachkommen ihrer Familie ist es zu verdanken, dass zumindest über hundert Werke und damit die Erinnerung an diese einfühlsame Porträtistin erhalten geblieben sind. Eine Retrospektive ihrer künstlerischen Arbeit wurde in Österreich bisher nicht gezeigt.

Frauenbewegung und Settlement Marie Lang

Nur wenige Schritte weiter ist in der Linken Wienzeile 12 die ehemalige Wohnadresse von Marie Lang (1858–1934) zu finden. Sie ist eine vielfältig engagierte Frauenrechtlerin und gemeinsam mit Rosa Mayreder und Auguste Fickert Herausgeberin der außergewöhnlichen Zeitschrift der Ersten Frauenbewegung „Dokumente der Frau". Als Sozialarbeiterin gründet sie 1901 gemeinsam mit Else Federn, Marianne Hainisch, Clementine Wiener und Baronin Amelie Langenau den „Verein Wiener Settlement" mit dem Ziel, „… dass es Kindern armer Arbeiter, die tagsüber sich selbst oder der Straße überlassen waren, Heim und Obdach, Erziehung, Zerstreuung, Beaufsichtigung und einen kleinen Imbiß bietet". Das nach dem Vorbild der englischen Settlement-Bewegung gegründete Beratungs- und Fürsorgezentrum ist als offener Ort nicht nur für die Kinder, sondern für die gesamte Familie konzipiert. Neben Beratung in Sachen Erziehung erhalten hier verarmte Frauen und Männer Auskünfte in rechtlichen Fragen, Hilfe bei der Suche nach Arbeit oder Ausbildungsplätzen. Auch kulturelle Bildung ist ein wesentlicher Bestandteil des Angebots. Privat führt Ma-

Marie Lang (1923)

rie Lang in ihrer Wohnung an der Wienzeile gemeinsam mit ihrem Mann Edmund Lang einen viel besuchten Salon – Rudolf Steiner ist mehrmals zu Gast – und ist Mutter dreier außergewöhnlicher Kinder: Erwin Lang ist Maler, Grafiker und Kostümbildner, verheiratet mit der Tänzerin Grete Wiesenthal. Die Tochter Lilith Lang studiert Kunst (gemeinsam mit Oskar Kokoschka). Der jüngste, hochbegabte Sohn Heinz begeht aufgrund seiner unglücklichen Liebe zu Lina Loos (siehe S. 88) Selbstmord. Ein Schicksalsschlag, von dem sich Marie Lang nur schwer erholt. Sie zieht sich mit zunehmendem Alter immer mehr zurück und stirbt 1934 in Altmünster in Oberösterreich.

In der Mitte der Wienzeile befindet sich der beliebte Naschmarkt. Im 19. Jahrhundert sind die Naschmarkt-Händlerinnen sowohl für ihr Selbstbewusstsein als auch für ihre derbe Ausdrucksweise bekannt und zugleich berüchtigt. Die heutigen, nicht minder selbstbewussten Unternehmerinnen am Naschmarkt zeichnen sich vor allem durch die hohe Qualität ihrer Produkte und ihre Kompetenz aus. Über den Naschmarkt zu flanieren und sich von der Vielfalt des Angebots faszinieren zu lassen, ist eine beliebte Beschäftigung der Einheimischen sowie der zahlreichen Wien-Touristinnen und -Touristen, an deren Souvenir-Wünsche sich das Angebot des Naschmarkts mittlerweile angepasst hat. Auch die expandierende Gastronomie hat den Naschmarkt in den letzten Jahren nachhaltig verändert. Hier finden alle Hungrigen etwas – je nach Essgewohnheit und Größe der Geldbörse. Drei von Frauen betriebene Lokale, in ihrem Angebot sehr unterschiedlich, befinden sich hier in unmittelbarer Nähe zueinander.

Im unteren Teil des Naschmarktes – Vom Getreidemarkt bis zur Schleifmühlgasse – hat Sohyi Kim 2010 ihr „Shop & Studio" eröffnet, wo sie moderne asiatische Küche anbietet. Ungefähr in der Mitte des Marktes befindet sich das beliebte Lokal von Haya Molcho „Neni am Naschmarkt", stadtbekannt für die beste israelisch-orientalische Küche. Auf der anderen Seite des Naschmarkts, an der Rechten Wienzeile, ist das Café Amacord zu empfehlen.

Unter Freunden sein
und philosophieren
Café Amacord

Nicht direkt am Markt, aber auch hier nicht mehr wegzudenken ist das Café Amacord, gegründet und geführt von
Dieta Eder und ihrem Bruder Erhard Auer. Unmittelbar an
der Ecke Schleifmühlgasse/Rechte Wienzeile führt eine
kleine Treppe hinunter zum etwas unscheinbar wirkenden Eingang. Dieta Eder ist begeisterte Gastgeberin, die
gerne und oft Freundinnen und Freunde empfängt. Die
Freude daran lässt vor mittlerweile fast 25 Jahren die
Idee entstehen, das eigene Wohnzimmer zu erweitern
und einen angenehmen Ort zu schaffen, an dem „man sich
auch unverabredeterweise trifft, diskutiert, philoso-
phiert, politisiert, isst und trinkt". Ihr Bruder Erhard
sorgt mit einer ausgesuchten Musiksammlung für die
stimmungsvolle Atmosphäre des Lokals. Gepflegtes Essen, gute Musik, ausgewählte Zeitschriften und treue
Stammkundschaft, die seit vielen Jahren gerne im öffentlichen Wohnzimmer, ganz wie es sein soll, sich verabrede-
ter oder unverabredeterweise trifft.

Café Amacord
1040, Rechte Wienzeile 15
Öffnungszeiten: Täglich geöffnet von 10.00– 01.00 Uhr,
warme Küche von 10.00–23.30 Uhr

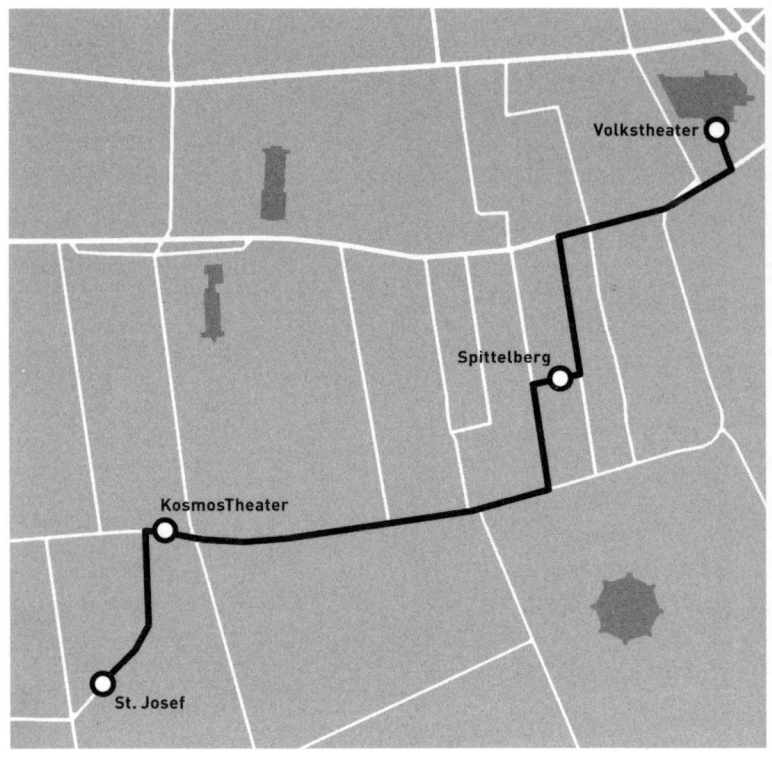

Ausgangspunkt des Stadtspaziergangs durch den siebten Bezirk ist das Volkstheater. Direkt zum Volkstheater fahren die U-Bahnlinien U2 und U3, die Straßenbahnlinie 49 und die Buslinie 48A.

Schauspielerinnen und Frauenräume

Das Volkstheater und seine Künstlerinnen

1889 wird das „Deutsche Volkstheater Wien" nach Entwürfen des Architektenduos Ferdinand Fellner und Hermann Helmer fertiggestellt. Das Theater in der Neustiftgasse 1 im siebten Bezirk gilt als eines der modernsten Bühnen seiner Zeit, nachdem es entsprechend der damals neuesten Sicherheitsvorschriften angelegt und ausgestattet wurde. Wie der Name des Theaters sagt, sollte hier nach der Idee der beiden Initiatoren Ludwig Anzengruber, mit dessen Stück „Der Fleck auf der Ehr" das Haus eröffnet wird, und der Gebrüder Thonet ein Schauspielhaus für breite Bevölkerungsschichten und mit erschwinglichen Preisen entstehen.

Vom Mitschaffen einer Figur Hansi Niese

An die Schauspielerinnen, die im Lauf der Geschichte des Theaters hier ihre Erfolge feiern, wird vielfach innerhalb wie außerhalb des Theaters erinnert. So findet sich links neben dem Eingang unmittelbar neben der Straßenbahnstation eine Statue der Schauspielerin Hansi Niese (1875–1934), die sie in sanftmütig-mütterlicher Geste abbildet. Fast eine zu stille Darstellung für die beliebte Volksschauspielerin, die von Zeitgenossinnen und Zeitgenossen als Frau von „übersprudelndem Temperament und Lebensbejahung" beschrieben wird. Rollen wie jene der „kleinen Frau" – das naive Wäschermädel, die resche

Hansi Niese beim Volkstheater

Hausmeisterin oder die bodenständige Bäuerin – scheinen ihr wie auf „den Leib geschrieben". Hinter der authentisch wirkenden Volkstümlichkeit ihrer Rollengestaltung stehen jedoch großes Einfühlungsvermögen und intensive Beschäftigung mit der jeweiligen Figur. Sie selbst spricht von einem „persönlichen Mitschaffen an einer Figur", das für sie den wesentlichen Bestandteil ihres Berufs ausmacht, und darin ist Hansi Niese schon von klein auf ein Naturtalent. Als Kind überrascht sie Eltern und Lehrer mit ihrer komisch-belustigenden Imitationsbegabung. Im Alter von elf Jahren steht sie das erste Mal auf einer Bühne, als sie für die erkrankte Schauspielerin eines Wandertheaters einspringt. Mit Unterstützung ihrer Mutter, die sie während ihrer Jugendzeit zu den Auftritten begleitet, beginnt ihre Theaterkarriere – ohne jemals eine Schauspielausbildung absolviert zu haben. Bereits im Alter von 15 Jahren tritt Hansi Niese im Stadttheater Znaim, in Abbazia, Gmunden und Czernowitz auf, 1893, mit 18 Jahren, wird sie von Theaterdirektor Adam Müller-Gutenbrunn entdeckt und ans Raimundtheater nach Wien engagiert. Sie zeigt sich dort als begnadete Darstellerin der Figuren in Johann Nestroys und Ferdinand Raimunds Stücken. Besonders beliebt beim Publikum sind ihre Possen und Operettenauftritte. 1898 wird sie nach Berlin engagiert, wo sie ihren Mann Josef Jarno, ebenfalls Schauspieler, kennenlernt, mit dem sie bald wieder nach Wien zurückkehrt. Josef Jarno pachtet 1899 das Theater in der Josefstadt, und Hansi Niese wird zur viel beschäftigten Hauptdarstellerin des Theaters. Die großen Kassenerfolge, die Josef Jarno dank der komödiantischen Schauspielkunst seiner Frau feiert, ermöglichen es ihm, sich im Feld des engagierten, modernen Theaters mit „literarischen Abenden" zu betätigen und Ibsen, Strindberg, Tschechow sowie Schnitzler zu inszenieren. Hansi Niese zählt im Gegensatz dazu nicht zu den „intellektuellen" Schauspielerinnen. Sie brilliert weiterhin im populären Feld des Pantomimischen und der Charakterdarstellungen, und sie hütet eifersüchtig ihren eigenen Erfolg, lässt kaum andere Kolleginnen neben sich auf der Bühne zur Geltung kommen. Einer der wenigen Schauspieler-Kollegen, der neben ihr bestehen kann, ist Alexander Girardi, der Hansi Niese im komischen Talent ebenso wenig nachsteht wie in ihrer Eitelkeit. Beide liefern sich zur Belustigung des Publikums „Komödiantenschlachten". 1923 tritt Josef Jarno in der Josefstadt zugunsten seines Nachfolgers Max Reinhardt zurück. Hansi Niese nimmt an verschiedenen anderen Theatern, unter anderem auch am Wiener Volkstheater, Engagements an. In den frühen Dreißigerjahren gelingt ihr zudem der Einstieg in die Filmindustrie mit Filmen wie „Die Waschfrau von Lindenau" oder „Hochzeit am Wolfgangsee". Mit dem Tod Josef Jarnos 1932 endet Hansi Nieses gut situiertes, nahezu wohlhabendes Leben, das sie sich dank ihrer Erfolge leisten konnte. Sie sieht sich mit immensen Schulden ihres Mannes konfrontiert, muss daraufhin ihren Lebensstil grundlegend ändern und jedes nur erdenkliche Engagement annehmen. In den letzten Jahren tritt sie nahezu um jeden Preis in den unterschiedlichsten, auch völlig anspruchslosen Stücken auf. Als 1933 ihre Tochter, ebenfalls Schauspielerin, in Berlin während einer Grippe-Epidemie stirbt, verlässt Hansi Niese schließlich der Lebensmut. Sie folgt ihrer Tochter ein Jahr später in den Tod und stirbt 1934 an einem Herzanfall im Alter von sechzig Jahren.

Mit eisernem Willen
Helene Odilon

Auch an Helene Odilon (1865–1939) erinnert das Volkstheater mit einer Büste. Sie ist jedoch nur während der
Theatervorstellungen oder im Zuge eine Führung im Inneren des Volkstheater am Ende der Treppe, die zum Roten Salon des Theaters führt, auf der linken Seite in einem
unauffälligen Gang zu sehen.

Die Dresdnerin Helene Odilon heißt eigentlich Helene
Petermann und stammt aus ärmlichen Verhältnissen.
Schon als Kind träumt sie von einer Künstlerinnenkarriere und versucht mit 14 Jahren – unterstützt von ihrer
Mutter – ihr Glück an einem Sommertheater. In ihrem
Geburtsort erhält Helene Odilon ihren ersten Schauspielunterricht, wenig später debütiert sie in Chemnitz.
Noch sehr jung, aber von beeindruckendem Talent und
außerordentlich charismatisch, feiert sie ihre ersten
großen Erfolge an den verschiedensten deutschsprachigen Bühnen: Ihr Aufstieg in Berlin beginnt am Wallnertheater und führt über das Viktoria Theater zum
königlichen Hoftheater, wo sie bald wegen der Eskapaden ihres bewegten Privatlebens entlassen wird. Der
damalige Direktor des Deutschen Volkstheaters Emmerich Bukovics holt sie schließlich 1891 nach Wien, wo sie
schon bald zur euphorisch verehrten Bühnendiva wird.
Ihre wechselnden Liebhaber und Förderer, die sie auch
hier umschwärmen, beflügeln die Fantasie des Publikums und der Presse. Auch ihre 1893 geschlossene Ehe
mit dem mindestens ebenso exzentrischen Schauspieler
Alexander Girardi sorgt immer wieder für Schlagzeilen,
nicht zuletzt auch deshalb, weil beide, dramatisch und

Helene Odilon

theatralisch veranlagt, ihre Ehekrisen öffentlich ausleben. Helene Odilon ist selbstbewusst, selbstständig und eigenwillig. Temperamentvoll wehrt sie sich gegen jede Art von Bevormundung oder Einschränkung. So wie sie sich gegen jeden Versuch Girardis wehrt, sie zu kontrollieren und einzuschränken, bricht sie auch regelmäßig ihre Theaterverträge, um neue Karrierewege zu beschreiten. Auf den Bühnen spielt sie sich von einem Erfolg zum nächsten und gehört bald zu den bestverdienenden Schauspielerinnen ihrer Zeit. Schriftsteller schreiben ihr Stücke auf den Leib: Hermann Bahr schafft für

Büste von Helene Odilon

sie die Rolle der Lona Ladinser im Schauspiel „Der Star", mit dem sie auf erfolgreiche Amerikatournee geht. Sie spricht ihre Rollen in perfektem Englisch, ebenso wie sie mit fließendem Französisch regelmäßig in Paris auftritt. Nichts scheint ihren Erfolg aufhalten zu können.

1903 jedoch endet ihre Karriere plötzlich mit einem Schlaganfall, von dem sie sich nie wieder erholt und linksseitig gelähmt bleibt. Ehrgeiz und Selbstdisziplin, zwei ihrer Eigenschaften, die sie so rasant die Karriereleiter hinaufsteigen ließen, helfen ihr trotz Verzweiflung, Depressionen und Selbstmordgedanken am Leben zu bleiben und an ihrer Genesung zu arbeiten. Lange Aufenthalte in zahlreichen Kliniken und Sanatorien, unzählige mehr oder weniger wirksame Therapien und streng eingehaltene Gymnastikprogramme prägen ihr weiteres Leben. Sie findet ihre Stimme wieder und lernt langsam wieder gehen, ganz lässt sich die Lähmung jedoch nicht rückgängig machen. Ihr in den erfolgreichen Jahren angehäuftes Vermögen schwindet schnell dahin, nicht zuletzt auch durch Friedrich Flesch, ihrem sogenannten Freund, der ihr unter dem Vorwand der besseren Vermögensverwaltung nahelegt, sich unter Kuratel stellen zu lassen. Damit verliert sie den direkten Zugriff auf ihr Vermögen, das nicht immer nachvollziehbar mehr und mehr schwindet. Sie muss damit nicht nur um ihre Gesundheit, sondern auch um ihre Mündigkeit kämpfen. Um sich gesellschaftlich zu rehabilitieren und den unzähligen Gerüchten ihre eigene Sicht der Dinge entgegenzuhalten, verfasst Helene Odilon ihre Lebenserinnerungen unter dem Titel „Das Buch einer Schwachsinnigen". In gewohnt entwaffnender Wortgewandtheit schreibt sie über ihr Leben, ihre Ehe mit Girardi und mit viel Selbstironie auch über sich selbst. Trotz des Verkaufserfolgs ihres Buches verarmt sie zusehends. Ihr Publikum und auch die meisten ihrer Schauspielkolleginnen und -kollegen ziehen weiter zu den nächsten „Stars" und den nächsten Theaterskandalen. Mit einer halbseitig gelähmten, verarmten Schauspielerin lassen sich keine Schlagzeilen füllen. Helene Odilon kommt schließlich in einem Armenhaus in Salzburg unter, in dem Hermann Bahr sie viele Jahre später „entdeckt". Erschüttert richtet er einen Appell an die Wiener Theaterwelt, sich ihrer zu erinnern und sie zu unterstützen. Erst zu ihrem sechzigsten Geburtstag

organisiert Theodor Weiß vom Volkstheater eine Bene-
fiz-Vorstellung, und die Gemeinde Wien gesteht ihr eine
bescheidene Rente zu. Mit einer weiteren kleinen Pension
des Volkstheaters ist ihre Unterbringung in einem Alters-
heim in Baden gesichert, wo sie 1939 an einem weiteren
Schlaganfall im Alter von 74 Jahren stirbt.

Obwohl Helene Odilon von den Höhen einer glanzvollen
Karriere in bittere Armut und Einsamkeit stürzt, bewahrt
sie sich ihre Würde und findet einen Weg, mit ihrem
Schicksalsschlag umzugehen. In der undatierten Schrift
„Das Geheimnis des Erfolges" beschreibt sie ihre „Gedan-
kenlehre". Beeinflusst von Vorstellungen einer religiösen
Vereinigung („Christian Science"), inspiriert von Goethe
und Bibelzitaten sowie buddhistischen Weisheiten, pro-
pagiert sie die Kraft der Gedanken: „Ich bin doch frei
geworden. Frei von all dem Bedrückenden – frei von der
Knechtschaft des Materiellen! Ich lebe im Geiste, und für
den Geist gibt es keine Lähmung, kein schwaches Gedächtnis, keine Sprachstörung, keine Geldsorgen, kein Unglück
mehr, sondern es beruht alles auf Erfolg, welcher von
jedermann begehrt wird. Ich möchte gerne in die ganze
Welt hinausposaunen: ‚Seht mich an, was ich war und was
nun aus mir geworden ist! Eine glückliche Frau – befreit
von jeder Sorge des Lebens!'" Angesichts ihrer tatsächlichen bedrückenden Lebensumstände der letzten Jahre
eine bewundernswerte Haltung.

Einige Schritte von Helene Odilons Büste entfernt erinnert in demselben Theatergang die Totenmaske von Dorothea Neff an eine weitere „Grande Dame" des Volkstheaters, die den ihr widerfahrenden Schicksalsschlägen mit
menschlicher Größe begegnet.

„Du bleibst bei mir"
Dorothea Neff

Während ihrer Schulzeit verfasst die 16-jährige Dorothea
Neff (1903–1986) ein Referat mit dem Titel „Der Bildungs-
wert des Theater" und beginnt wenig später ihre Schauspielausbildung in München. Ihre ersten Engagements
führen sie an verschiedene Bühnen nach Deutschland: Re-
gensburg und Aachen, als Charakterdarstellerin wird sie
wenig später an das Staatstheater München berufen. Über
Köln und Königsberg kommt sie 1939 schließlich an das
Volkstheater nach Wien, wo sie ein beim Publikum außerordentlich beliebtes Ensemblemitglied wird.

1941 kommt Dorothea Neffs jüdische Geliebte Lili Wolff,
eine Kölner Kostümbildnerin und Inhaberin eines Mode-
salons, nach Wien und zieht bei ihr in der Annagasse 8 im
ersten Bezirk ein. Als Lili Wolff wenig später ihren Depor-
tationsbescheid erhält, beschließt Dorothea Neff spontan,
sie zu verstecken. Von 1941 bis 1945 wohnen beide Frauen
unter größter Lebensgefahr und ständig an Hunger leidend
zusammen – beide leben von nur einer Lebensmittelmar-
ke. Die im Schleichhandel ergatterten Lebensmittel muss
Dorothea Neff teilweise der Hausmeisterin Ottensteiner
überlassen, um diese zu bestechen, damit sie und Lili Wolff
nicht bei der Gestapo denunziert werden. Lili Wolff lebt
in ständiger Angst und Depression. Aufgrund der psychischen Belastung leidet sie schließlich unter einer Magen-
krankheit und wiegt nur mehr vierzig Kilogramm. Ein
Brusttumor, der ihr starke Schmerzen bereitet, kann unter
falschem Namen im Krankenhaus von einem befreundeten
Arzt operiert werden. Erwin Ringel, damals angehender
Arzt und späterer Psychiater, wird Lili Wolff bis Kriegsen-

de regelmäßig die erforderlichen Injektionen verabreichen. Das Verhältnis der beiden Frauen zueinander wird unter diesen Umständen schwierig: „Wir haben tagelang nicht miteinander gesprochen ... Wir waren nicht zur Unterhaltung, sondern zum Existieren zusammengekommen", meint Dorothea Neff viele Jahre später. Am 2. September 1944 werden in Wien alle Theater geschlossen, und Dorothea Neff wird zur Arbeit in eine Fabrik, die Uniformteile und Hemden produziert, eingeteilt. Während der Bombardements durch die Alliierten bleibt sie trotz aller Konflikte bei ihrer Freundin in der Wohnung. Am 9. April 1945 notiert Dorothea Neff in ihr Tagebuch: „Es verbreitete sich die Nachricht, dass die weiße Fahne vom Stephansdom wehe – und dass die Russen in Wien einmarschierten. Da nahm ich Lili bei der Hand und ging mit ihr auf die Annagasse hinaus. Auf ihren kleinen Pferden galoppierten russische Soldaten durch die Kärntner Straße. Lili sagte leise: ‚Jetzt kann mir niemand mehr etwas tun ...'" Obwohl es Dorothea Neff gelungen ist, ihre Lebensgefährtin zu retten, trennen sich die Wege der beiden Frauen. Die Beziehung zerbricht unter den extremen Belastungen des Krieges. Lili Wolff kann 1947 mit einem Visum als „Displaced Person" in die USA übersiedeln, in ein angstfreies Leben zurückzufinden, gelingt ihr nicht mehr. Der Abschied von Dorothea Neff bei ihrer Abreise nach Amerika ist ein endgültiger. Die beiden Frauen werden einander nicht mehr begegnen.

Dorothea Neff kann nach dem Krieg an ihre Erfolge der Zwanziger- und Dreißigerjahre im Volkstheater, Burgtheater und Akademietheater anknüpfen und wird für die Verkörperung der Großmutter in Horvaths „Geschichten aus dem Wienerwald" ebenso gefeiert wie in der Titelrolle von Dürrenmatts „Besuch der alten Dame". In diesen Jahren des

Dorothea Neff

Erfolges verschlechtert sich jedoch zunehmend Dorothea
Neffs Sehfähigkeit. Trotz zahlreicher Netzhautoperationen
erblindet sie schließlich völlig und verzweifelt nahezu daran. Dank der Unterstützung ihrer neuen Lebensgefährtin
Eva Zilcher gibt sie jedoch nicht auf und betritt 1963 in der

Rolle der Mutter Courage wieder die Theaterbühne. Mit dieser Inszenierung unter der Regie von Gustav Manker und der Leitung des damaligen Volkstheaterdirektors Leon Epp endet der sogenannte Brecht-Boykott an den Wiener Theatern, der, vor allem von Hans Weigel und Friedrich Torberg mit antikommunistischen Polemiken unterstützt, über mehr als ein Jahrzehnt aufrechterhalten wurde. Dorothea Neff wird für ihre beeindruckende Interpretation der Mutter Courage mit der Josef-Kainz-Medaille ausgezeichnet. Eine weitere Auszeichnung erhält sie 1979 für die Rettung ihrer Freundin Lili Wolff: die Ehrenmedaille des Yad Vashem. Yad Vashem ist eine 1953 in Israel gegründete Gedenkstätte, zum Andenken an die Opfer der Shoa und die „Gerechten unter den Völkern, die ihr Leben zur Rettung von Jüdinnen und Juden riskiert haben".

Dorothea Neff spielt und unterrichtet nahezu bis an ihr Lebensende. Eine ihrer Schülerinnen, Andrea Eckert, verkörpert 2011 ihre Lehrerin in Felix Mitterers Stück „Du bleibst bei mir". Mitterer zeichnet in diesem Auftragswerk des Volkstheaters die Geschichte Dorothea Neffs und Lili Wolffs detailreich nach. Ebenfalls 2011 wird der bisher nach Karl Skraup benannte Theaterpreis in „Dorothea-Neff-Preis" umgewidmet, und ihr Name wird in das Wiener Stadtbild eingeschrieben: 2007 wird ein kleiner Park Ecke Bandgasse/Seidengasse im siebten Bezirk nach der „Grande Dame" des Volkstheaters benannt.

Der Spaziergang führt nun links am Volkstheater vorbei, die Bellariastraße entlang bis zur nächsten Kreuzung. Überqueren Sie an der Ampel die Burggasse, um ihr stadtauswärts bis zur Gutenberggasse zu folgen, die links zum sogenannten Spittelberg abzweigt.

Frauen am Spittelberg

Die Geschichte des Spittelbergs ist schillernd und wechsel-haft: von Viehweiden und Äckern über ein dicht besiedeltes Elendsviertel mit illegaler Prostitution bis hin zur Kunst- und Gourmetmeile mit edlen Ateliers und stilvoll renovier-ten Biedermeierhäusern. Ist die Zeit des unverbauten, ur-sprünglichen Grundes, der sich im Besitz des Bürgerspitals (daher auch der Name) befunden hat, heute kaum mehr vorstellbar, so hat sich jene Zeit der Gaukler, Sänger, der „Bierhäuslmenscher" und der „Nimfen vom Spittelberg", wie die Prostituierten in Anlehnung an die sogenannten „Grabennimfen" genannt werden, umso mehr in das histo-rische Gedächtnis der Stadt eingeschrieben.

Die Schließung aller Freudenhäuser und Bordelle in Wien unter Ferdinand I. im 16. Jahrhundert bedeutet nicht das Ende der Prostitution in der Stadt. Zu Beginn des 18. Jahrhunderts kommt es wieder zu einer besonderen Blüte der Bordellwirtshäuser auf den Basteien. Die Lage des Vergnügungsviertels Spittelberg zeigt sich als beson-ders geeignet, ein Zentrum für billige Absteigen zu wer-den, ist doch die Burggasse direkte Zufahrts- und Han-delsstraße für das Zentrum der Stadt. Wer es sich nicht leisten kann, innerhalb der Stadtmauer zu wohnen, bezieht Quartier in einem der billigen Wirtshäuser der Vorstadt. Alleinstehende und verarmte Frauen landen hier ebenso wie fahrende Händler, Gaukler und Schausteller. Die Frauen arbeiten am Spittelberg als leicht bekleidete Kellnerinnen, die ihre Gäste zum Trinken animieren, um sie dann ins „Extrazimmer" oder „Kammerl" mitzu-nehmen, wo sie der geheimen, illegalen Prostitution nach-gehen. 1744 gibt es vonseiten der Behörden einen weiteren Versuch dagegen vorzugehen: Per Dekret ist es nur mehr Männern erlaubt, in Gasthäusern zu bedienen, gleichzeitig werden Tänzerinnen verboten. Die Maßnahme führt jedoch lediglich dazu, dass der Prostitution vermehrt in Privatwohnungen nachgegangen wird und die Frauen sich untereinander organisieren: „Im Spaliermacherhaus auf dem Platzl im 5. Stock wohnt eine Lakaiin mit zwei Menscher" oder „Spittelberg Nr. 22 beim ‚Blauen Hechten' im 1. Stock über das Gangl, hinter der 1. Tür, befindet sich ein Wittib (Witwe), sie gibt sich aus für eine Offiziersfrau mit zwei Töchtern, welche die ganze Stadt ausgeht in den Schlechtigkeiten". Diesen Zeilen ist zu entnehmen, dass nicht nur Gastwirt und Zuhälter an den Prostituierten mitverdienen, sondern auch Bordellbesitzerinnen, die dasselbe Motiv verfolgen: Geld mit der Arbeit anderer zu verdienen. An eine besonders selbstbewusste Bordellbesitzerin wird im Inneren des heutigen Restaurants „Witwe Bolte", Gutenberggasse 13, erinnert. Über

Erinnerung an einen berühmten Gast der „Witwe Bolte"

der Eingangstür ist in die Wand eingelassen, was zunächst an der Außenfassade für alle zu lesen war: „Durch dieses Thor in hohem Bogen ist Kaiser Josef II. geflogen. Anno 1778". Diese Inschrift lässt nicht nur sichtbar werden, dass der älteste Sohn der Kaiserin Maria Theresia, Josef II., regelmäßig Kunde am Spittelberg war, sondern auch, dass er mit einem Tritt resolut hinausbefördert worden war, weil er die in Anspruch genommenen Dienste nicht bezahlen wollte. Ein Problem, vor dem Sexarbeiterinnen noch heute stehen: Wird für sexuelle Dienstleistung nicht gezahlt, haben die Frauen keine Möglichkeit, das entgangene Honorar einzuklagen. Prostitution gilt nach wie vor als sittenwidrig und ist anderen Berufen nicht gleichgestellt – obwohl Frauen, die dieser Arbeit offiziell nachgehen, nicht nur Steuern und Sozialversicherung zahlen müssen, sondern auch verpflichtet sind, sich regelmäßig einer ärztlichen Untersuchung zu unterziehen. Denn die Angst der Männer vor Geschlechtskrankheiten ist so alt wie das Gewerbe der Prostitution, wobei viele Freier außer Acht lassen, dass sie selbst die Krankheitsüberträger sein können. Vor der Zeit der Kondome versuchen die Kunden der Ansteckungsgefahr mit verschiedensten Mitteln beizukommen. So reiben sie sich beispielsweise ihr Glied mit einer Speckschwarte ein, damit die feinen Risse der Haut geschlossen werden, wodurch die Gefahr einer Ansteckung mit Syphilis verringert werden sollte. Ob es den gewünschten Effekt hatte, ist zu bezweifeln.

Im 19. Jahrhundert wird mit der Registrierung der Prostituierten begonnen. Eine der ersten Schätzungen im Jahr 1869 ergibt, dass in Wien auf jedes Haus eine „Gelegenheitsmacherin" oder „Dirne" kommt und am Spittelberg 56 „Lohnhuren", vor allem in der Kirchberggasse und

Spittelberggasse, arbeiten. In der Gutenberggasse 23 befindet sich ein weiteres Bordell mit dem Namen „Maison Kieninger". Nach dem Ersten Weltkrieg verlagert sich die Prostitution vom Spittelberg in andere Bezirke der Stadt. Die dicht bebauten, desolaten Häuserzeilen des Spittelbergs sollen Anfang der Achtzigerjahre demoliert und durch Neubauten ersetzt werden. Engagierte Bürgerinnen und Bürger wehren sich dagegen und die Gemeindeverwaltung der damaligen Zeit beschließt die Sanierung. Nach und nach richten Künstlerinnen und Künstler ihre Ateliers in den ebenerdigen Lokalen ein und begründen damit den Ruf des Stadtgebietes als interessanten, pittoresken Ort für Kunst, Kultur und gutes Essen.

Um noch ein wenig vom Flair des Spittelberges zu spüren, kann der Weg von der „Witwe Bolte" über einen kleinen Platz in die Spittelberggasse links hinauf zur Siebensterngasse genommen werden, um in eine der kleinen parallel laufenden Gassen wieder einzubiegen.

Der Spaziergang führt die Siebensterngasse stadtauswärts (nach rechts weitergehen) zur Hausnummer 42, zum KosmosTheater.

Frauen brauchen Raum
KosmosTheater

„Die Geschichte des ‚kosmos.frauenraum', später KosmosTheater, ist die Erfolgsgeschichte einer Bürgerinitiative, eine Geschichte von Frauensolidarität und künstlerischem Aktionismus für das gemeinsame Ziel eines Theaters für Künstlerinnen … Mit größter Selbst-

verständlichkeit und nach basisdemokratischen Spiel-
regeln (verfolgten) KünstlerInnen, Feministinnen und
andere engagierte Leute hartnäckig die Vision ,Frauen-
raum' und (ließen sie) schließlich Wirklichkeit werden",
schreibt Barbara Klein, Intendantin des KosmosTheaters
2010 anlässlich des zehnjährigen Jubiläums.

Die Geschichte des KosmosTheaters beginnt 1997 mit
dem Frauenvolksbegehren. Insgesamt 645.000 Wahlbe-
rechtigte unterstützen mit ihrer Unterschrift elf zentrale
frauenpolitische Forderungen, darunter die mittlerweile
hundert Jahre alte und noch immer nicht erfüllte Forde-
rung nach gleichem Lohn für gleiche Arbeit. Trotz des großen Erfolges bleibt das Frauenvolksbegehren ohne nach-
haltige politische Wirkung. Für die Initiatorinnen ist dies
jedoch kein Grund aufzugeben. Im Gegenteil: Der Ärger
über die Tatenlosigkeit der verantwortlichen Politiker
wird zum „Ansporn für neue Taten", und so wird unter
dem Namen „Link* – Verein für weiblichen Spielraum" die
Idee geboren, einen öffentlichen Kunst- und Kulturraum
für Frauen zu schaffen, in dem sich die verschiedensten
Personen begegnen können, um eine Verbindung von
Kunst und Politik sowie das „Zusammenwirken verschiedener Kunstsparten" zu ermöglichen. Barbara Klein,
Schauspielerin, Kabarettistin und politische Aktivistin,
entwickelt in ihrem detaillierten Konzept die gedankli-
che und praktische Grundlage für das engagierte Projekt.
Mit dem Slogan „Frauen brauchen Raum" soll ein reprä-
sentativer Ort geschaffen werden, um „spielerisch neue
Denkansätze und Modelle zu erproben".

Als möglichen Ort für die Umsetzung des Projektes
wird das ehemalige Pornokino Rondell im ersten Bezirk
in den Blick genommen und schon im September 1997

eine erste Pressekonferenz abgehalten. Die Aktivistinnen präsentieren ihr Konzept inklusive eines ausgearbeiteten Kostenplans für Umbau und Adaptierung des Gebäudes. Die ersten Zusagen des damaligen Bundeskanzlers Klima treffen ein: 15 Millionen Schilling werden versprochen, das restliche, erforderliche Budget muss von den Initiatorinnen anderweitig lukriert werden. Mit beeindruckender Kreativität gelingt es den Frauen tatsächlich über ein Subskriptionsmodell die erforderlichen Gelder zu organisieren: Die Künstlerinnen erstellen einen vollständigen Spielplan für das Jahr 1999, der an das potenzielle Publikum mit der Bitte um Subskription verschickt wird. Tausende Unterstützerinnen und Unterstützer bestellen daraufhin Karten für die zukünftigen Kunstevents und kaufen Förderbausteine. Spendengelder, Mitgliedsbeiträge, Bankgarantien sowie persönliche Bürgschaften garantieren zusätzlich Mittel, die zur Umsetzung des Kunst- und Theaterprojektes erforderlich sind. Trotz dieser breiten Unterstützung erhalten die Link*-Frauen nicht den Zuschlag. Sie erfahren wenig später aus der Presse, dass der Konkurrent in der Bewerbung um das Rondell-Kino, der Jazzclub Porgy & Bess, die Zusage erhalten hat. Die Wut und die Enttäuschung darüber wird mit einem spontanen Besuch beim zuständigen Kunststaatssekretär Peter Wittmann zum Ausdruck gebracht, der seinerseits in der heftigen Diskussion völlig die „Contenance verliert" und „wie wild herumbrüllt". Dennoch: So einfach lassen sich die Frauen nicht aus dem Feld schlagen. Am 20. Mai 1998 besetzen sie kurzerhand das Rondell-Gebäude. Die Schutthalde wird notdürftig gereinigt, ein „Beisel" mit Bierzapfstation eingerichtet, solidarische Künstlerinnen und Künstler werden eingeladen, spontan zu performen, aufzutreten, zu präsentieren, zu diskutieren und zu lesen. Prominente Künstlerinnen wie Marlene Streeruwitz und Elfriede Jelinek unterstützen das Projekt mit ihren Texten ebenso wie Robert Menasse oder die Kabarettisten Josef Hader und Alfred Dorfer. In den neun Tagen und Nächten der Rondell-Besetzung treten insgesamt rund 500 Künstlerinnen und Künstler auf, an die 2000 Menschen kommen vorbei, schauen zu, solidarisieren sich und diskutieren mit. Die Aktivistinnen laden die Medien zu einer „Sexorgie" ein, um schließlich verhüllt und schweigend im Raum zu sitzen und die sensationsgierige Presse in die Falle des eigenen Voyeurismus tappen zu lassen. Schließlich wird vor den Augen der verunsicherten, vorwiegend männlichen Journalisten lediglich ein Transparent mit der Aufschrift „Die nackte Wahrheit: Frauen brauchen Raum" entrollt. Bevor die Rondell-Besetzung von der Polizei aufgelöst wird, ziehen die Künstlerinnen und Aktivistinnen mit ihrem Publikum friedlich ab, ohne jedoch aufzugeben. Nachdem die politisch Verantwortlichen, allen voran Bundeskanzler Klima, immer wieder das Gespräch verweigern, werden sie mit Kreativität und Witz an den verschiedensten Orten aufgesucht: An der Flughafenausfahrt, um den Kanzler bei seiner Rückkehr von einer Dienstreise mit Transparenten an seine Versprechen zu erinnern. Als die Polizei einschreitet, argumentieren die Frauen, dies sei keine Kundgebung. Sie würden lediglich ihre Leintücher lüften und hätten sich dabei auf die Autobahn verlaufen. Wenig später nehmen gut trainierte Link*-Frauen am Wiener Frauenlauf teil, um über die Kanzlergattin, die ebenfalls mitläuft, Viktor Klima zu kontaktieren, nachdem er Gesprächstermine nach wie vor verweigert. Auch

Heißluftballons der Frauen steigen vor den Bürofenstern der zuständigen Politiker auf, um sie an ihre uneingelösten Versprechen zu erinnern. Nachdem es politisch nicht möglich ist, ein derart durchdachtes und so prominent unterstütztes Frauenprojekt einfach abzulehnen, werden immer neue Hürden gefunden, um die Aktivistinnen von ihrer Idee abzubringen. Die behördlichen Schikanen bringen die Frauen an die Grenzen ihrer psychischen und physischen Belastbarkeit, aber sie geben nicht nach. Sie bestärken einander mit gegenseitiger Anerkennung und Wertschätzung: „Wenn man zur nächsten Stufe kommt, hat man eine geschafft, das muss man wissen und sich gegenseitig die Hände schütteln, um den Hals fallen und gratulieren", beschreibt Barbara Klein rückblickend die „Überlebensstrategie". Den manchmal nicht bewältigbar erscheinenden Aufgaben begegnen die Frauen mit Ausdauer, den politischen Zumutungen mit Humor und Witz. Regelmäßig erhalten sie zudem Unterstützung von außen – persönlich, via Internet oder handschriftlich. So schreibt beispielsweise unerwartet Johannes Mario Simmel einen ermutigenden Unterstützerbrief.

Ein neuer Raum, der für das Frauenprojekt infrage kommen könnte, wird in dem ehemaligen Kosmoskino entdeckt. Sofort werden neue Finanzierungsmodelle erdacht und erneut unzählige Verhandlungen geführt. Schließlich werden Gelder durch vier verschiedene Förderstellen bewilligt, deren unterschiedliche Auszahlungsmodalitäten und bürokratische Abläufe immer wieder kafkaesk wirken. Endlich kann mit dem Umbau begonnen werden. Kabarettistinnen, Künstlerinnen und Kulturarbeiterinnen schlüpfen in die Rolle der Bauherrin oder Buchhalterin, und die Fertigstellung rückt Schritt für Schritt näher. Doch mit dem Regierungswechsel gerät das Projekt ein weiteres Mal in Gefahr: Eine zugesagte Subvention wird verweigert – mitten im Umbau und kurz vor der schon geplanten Eröffnung. Schließlich ist es doch so weit: Mit dem Stück „Die Königinnen" nach einem Text von Lilly Axster und in der Inszenierung von Corinne Eckenstein wird im Jahr 2000 der „Kosmos.Frauenraum" eröffnet. Die Initiatorinnen beginnen damit ihr ambitioniertes Programm, das an der Schnittstelle zu feministischer Geschlechter- und Gesellschaftskritik, Wissenschaft, bildender und darstellender Kunst agiert und mit basisdemokratischer Entscheidungsfindung aller Akteurinnen eine völlig neue Form der Theaterorganisation darstellt. Regelmäßige Brainstormings dienen der Ideen- und Programmfindung. Die Regeln der Zusammenkünfte lauten: „Nichts ist unmöglich. Lachen ist wichtig, auslachen unzulässig. Hat jemand eine Idee, der mehrere zustimmen, wird sie ausgeführt." Der Spielplan wird auf diese Weise nach Programmschwerpunkten gestaltet, die als „Zyklus" über einen bestimmten Zeitraum die gewählten Themen künstlerisch, wissenschaftlich und politisch von allen Seiten ausleuchten. Zudem wird die hauseigene Zeitschrift „Kosmos.Frauenschrift" produziert, um die Diskurse auch schriftlich und nachhaltig verfügbar zu machen. Zwei Jahre lang wird das anspruchsvolle Konzept – trotz chronischen Geldmangels – umgesetzt. Im Zyklus „Das Gelächter der Geschlechter" wird der Funktion von Humor und Witz in seiner positiven wie negativen Auswirkung auf und im Geschlechterverhältnis nachgegangen. Der Themenschwerpunkt „Frauenspuren" widmet sich intensiv dem Bereich von Frauengeschichte und ihrer Bedeutung für emanzipatorische Prozesse. Viele weitere frauenrelevante und gesellschaftspolitische Themen werden von den Kosmosfrauen aufgegriffen und einer interessierten Öffentlichkeit nähergebracht. Diese produktive Vielfalt wird jedoch durch Geldmangel und den andauernden Streit mit Förderstellen um die erforderlichen Mittel und die ebenso andauernde Blockade der Politik durch Gesprächsverweigerung beendet. Auch innerhalb der aktiven Gruppe der Kosmosfrauen führt die unsichere und angespannte Situation zu Konflikten. Schließlich wird der „Kosmos.Frauenraum" geschlossen und ein halbes Jahr später mit wesentlich reduzierterem Angebot wieder eröffnet. Theaterproduktionen rücken jetzt in den Vordergrund, Diskurse und spartenübergreifende Programme können nur mehr zeitweise umgesetzt werden. Das wichtigste jedoch, die geschlechterkritische und geschlechtersensible Programmatik bleibt. Barbara Klein, Intendantin und Geschäftsführerin des in „KosmosTheater" umbenannten Frauenraums, prüft alle eingehenden Projekte auf ihre „Genderqualität" und achtet darauf, dass im sogenannten Leading-Team (Autorin, Regisseurin, Dramaturgin) einer Produktion mindestens eine Frau vertreten ist. Trotzdem auf feministische Zugänge, Inhalte und weibliche Besetzung wichtiger Positionen geachtet wird, vertritt Barbara Klein die Ansicht, dass Feminismus in der Kunst nicht vordergründig sein soll. „Die politische Botschaft darf nicht vor der Ästhetik und vor dem Künstlerischen stehen, sondern muss eingewoben sein." Seit mittlerweile elf Jahren bietet das KosmosTheater mit dieser Ausrichtung anspruchsvolles Kunstschaffen und erfreut sich größter Beliebtheit. Es ist nach wie vor ein attraktiver Raum, in dem Künstlerinnen ungewöhnliche Stoffe bearbeiten und neue Formen erproben können, in dem Erweiterung der künstlerischen Grenzen und der Geschlechtergrenzen möglich sind. Zahlreiche prominente Namen sind mittlerweile in der Geschichte des KosmosTheaters zu finden: Miki Malör und Annie Sprinkle, zwei grenzüberschreitende Performerinnen und Schauspielerinnen. Silvia Both zeichnet verantwortlich für erfolgreiche Tanzfestivals. Die zu früh verstorbene Schauspielerin Evelyn Fuchs mutet dem Publikum immer wieder anspruchsvolle Texte zu. Neben vielen anderen Künstlerinnen und Künstler sind vor allem die Schauspielerinnen und Regisseurinnen Tanja Witzmann, Birgitta Altermann und Corinne Eckenstein eng mit dem KosmosTheater verbunden. Wesentlicher Bestandteil der Programmgestaltung sind Festivals aller Art: Das Festival der Clownkünstlerinnen, der Tänzerinnen oder das der Figurentheaterspielerinnen. 2006 findet unter größtem Publikumsandrang das spartenübergreifende Festival der Theater-, Performance- und Videokunst in Kooperation mit bildenden Künstlerinnen mit 66 Aufführungen von 26 Produktionen aus zwanzig Ländern statt. Der Erfolg dieser Produktionen, die hohe Auslastung und die erhalten gebliebene Vielfalt der Aktivitäten im KosmosTheater geben den Gründerinnen Recht: „Frauen brauchen Raum" und „Kunst ist politisch". In jedem Fall lohnt es sich, hier einen Abend zu verbringen.

KosmosTheater
1070, Siebensterngasse 42
www.kosmostheater.at

Direkt gegenüber dem KosmosTheater beginnt die Mondscheingasse. Die Gasse ein Stück entlang ist rechter Hand bald die verglaste Fassade des Lokals St. Josef zu sehen. Hier lässt es sich gut und vor allem gesund essen.

Gesund essen
St. Josef

Eigentlich sollte Othmar Holzinger aus Kärnten, der Be-
gründer des Bioladens und des Selbstbedienungslokals
St. Josef, Elektriker werden. Er verlässt jedoch Kärnten
und seinen Beruf, um Anfang der 1980er-Jahre nach
Wien zu übersiedeln und zunächst im 18. Bezirk in ei-

Schanigarten des Lokals St. Josef

nem Bioladen zu arbeiten. Nachdem er endgültig dem
Fleischkonsum abgeschworen hat, wendet er sich seiner
Leidenschaft, dem Handeln und Kochen mit gesunden
Lebensmitteln zu und eröffnet im siebten Bezirk seinen
ersten Bioladen. Anfangs ein Geheimtipp spricht sich
schnell herum, dass Othmar Holzinger gemeinsam mit

der Köchin Kusum Kohombange aus Sri Lanka außergewöhnliche Küche bietet: hundertprozentig vegetarisch
und biologisch, liebevoll zubereitet, gesund und sehr
schmackhaft. Vielfalt wird nicht nur im täglich wechselnden Speisenangebot groß geschrieben, im Sinne der
Multikulturalität wird Vielfalt bei St. Josef auch in der
Belegschaft gelebt. Die Mitarbeiterinnen und Mitarbei-
ter stammen aus Sri Lanka, Tibet, Polen, Bulgarien und
Rumänien. Eine Tafel heißt die Besucherinnen und Besu-
cher in vielen Sprachen willkommen. Mütter mit Klein-
kindern frequentieren das Lokal besonders zahlreich,
aber auch ernährungsbewusste Frauen und Männer
kommen regelmäßig zum Mittagessen aus den zahlreichen umliegenden Büros und Unternehmen. Neben einem Mittagsmenü, das täglich frisch zubereitet als „kleiner oder großer Teller" angeboten wird, gibt es eine
vielfältige Salatbar, kleine Snacks, köstliche, süße Nach-
speisen und frisch gepresste Frucht- und Gemüsesäfte.
Ein Ort der gesunden Ernährung und des vielfältigen
Miteinanders.

St. Josef
1070, Mondscheingasse 10
Öffnungszeiten: MO–FR 8.00–18.30 Uhr, SA 8.00–16.00 Uhr

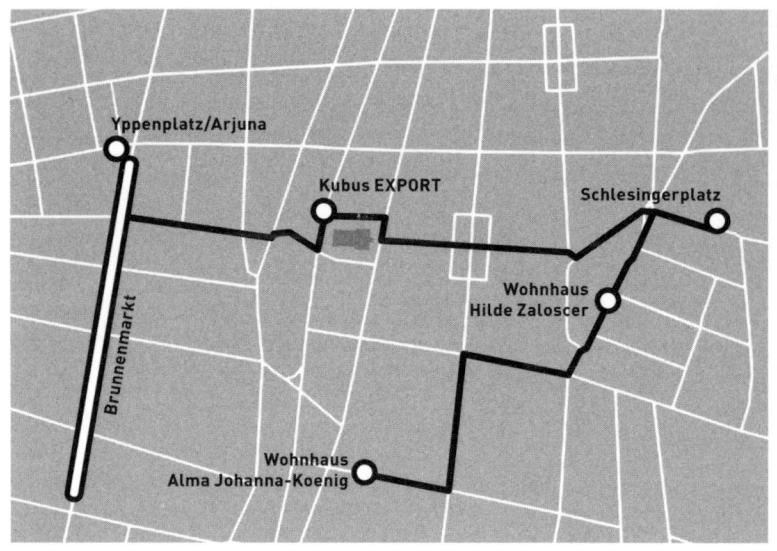

Der Ausgangspunkt dieses Spaziergangs ist am besten mit der U-Bahnlinie U6 (Station Josefstädter Straße), den Straßenbahnlinien 5 (Station Blindengasse), 2 (Station Josefstädter Straße) und 46 (Station Thaliastraße) zu erreichen. Von den jeweiligen Stationen aus sind es nur wenige Gehminuten bis zur Adresse Pfeilgasse 47–49. Vor dem Haupteingang des sozialen Gemeindebaus, benannt nach Ferdinand Kronawetter, einem der Sozialdemokratie nahestehenden Politiker der Habsburgermonarchie, befinden sich sogenannte, im Gehweg eingelassene Stolpersteine. Sie sind den verfolgten, deportierten und ermordeten ehemaligen Bewohnerinnen und Bewohnern des Gebäudes gewidmet, die hier vor ihrer Deportation oder Vertreibung gelebt haben. Unter den Namen findet sich auch jener der Schriftstellerin Alma Johanna Koenig.

Von der Josefstadt nach Ottakring

„Lebe für dich ..."
Alma Johanna Koenig

Alma Johanna Koenig (1887–1942) lebt in einer Zeit des
des Aufbruchs für Frauen. Die Erste Frauenbewegung er-
kämpft das Wahlrecht zusammen mit weiteren grundle-
genden Bürgerrechten und gibt damit den Frauen die Möglichkeit als politische Menschen aktiv zu werden, während
die meisten Männer in ihren althergebrachten Projektio-
nen und Fantasien verhaftet bleiben. Zwischen den Bildern
der „Femme fragile", der zerbrechlichen Frau, und jener
der „Femme fatale", der fordernden, erotischen Frau, die
den Frauen immer wieder zugeschrieben werden, ist auch
Alma Johanna Koenig wie viele ihrer Zeitgenossinnen auf
der Suche nach dem eigenen Selbst. Immer wieder bemüht
sie sich durch Anpassung bis hin zur Selbstaufgabe, die er-
sehnte Anerkennung und Zuwendung, die sie während ihrer Kindheit schmerzlich vermisst hat, zu erhalten, um
dann doch angesichts ihres aussichtslosen Unterfangens
den Ausbruch aus der realen Welt oder besser noch den
Rückzug in ihr Schreiben zu wählen.

Alma Johanna Koenig wird als jüngstes Kind in eine
Familie mit zwei wesentlich älteren Geschwistern hinein-
geboren und verbringt eine einsame, traurige Kindheit.
Ihre Mutter Susanne Koenig (geb. Herdan) ist Tochter einer
vermögenden Gutsbesitzerfamilie, ihr Vater ein pensio-
nierter, autoritärer Hauptmann der k.u.k.-Armee, der
seinen Kasernenton bis zuletzt nicht ablegen kann.
Alma Johanna Koenig beschreibt ihre Kindheit als einen
„... schwarzen Gang, durch den ich gehetzt entlief. Ich
rannte die modrigen Mauern entlang und weinte vor Angst
und rief". Es ist nicht nur der Vater, der ihr Angst bereitet,

Alma Johanna Koenig

sondern auch die schwere Herzkrankheit ihrer Mutter, die sie bis zu ihrem Tod aufopferungsvoll pflegt und deren Krankenbett sie kaum verlassen kann. Lediglich mit ihrem Jugendfreund Alfred Grünwald ist es ihr erlaubt, die eine oder andere Stunde spazieren zu gehen. Grünwald ermutigt sie zu schreiben und ihre Gedichte zu veröffentlichen. Anfangs noch ohne Wissen der Eltern und unter dem Pseudonym Johannes Herdan erscheinen ab 1910 erste Gedichte und Erzählungen. Der Tod der Mutter 1913 befreit sie zwar von der Pflicht der Krankenpflegerin, setzt sie jedoch noch direkter den Stimmungen des Vaters aus. Finanziell abhängig bleiben ihr nur der Rückzug in die intensive Beschäftigung mit antiker Literatur, Sagen, mittelalterlichen Heldengeschichten und ihr eigenes Schreiben. Erst mit dem Tod ihres Vaters 1919 kann sie einen eigenen Lebensentwurf wagen. Um ihre schriftstellerischen Fähigkeiten stilistisch zu perfektionieren, verfasst sie zu Übungszwecken Sonette über Alltagsereignisse. 1918 hat sie schon ihre erste Gedichtsammlung veröffentlicht, nun widmet sie sich ausschließlich dem Schreiben. In der Folge werden ihre Balladen, Erzählungen und Novellen in verschiedenen Wiener Zeitungen abgedruckt. Die Zweifel an ihrem Schaffen und ihre Selbstkritik zeigen sich dennoch weiterhin in den Randnotizen ihrer Manuskripte, die sie mit Anmerkungen wie „schlecht", „unnötig" oder „raus damit" versieht. Eine Möglichkeit über Literatur im Allgemeinen und die eigenen künstlerischen Zweifel im Besonderen zu sprechen, findet sie in den Treffen des „Literatencafés" ihres Freundes Felix Braun. Hier lernt sie Stefan Zweig, Felix Salten, Max Mell sowie Käthe Braun-Prager kennen, die ebenfalls Schriftstellerin ist. 1923 gelingt Alma Johanna Koenig mit dem Werk „Der heilige Palast", die

Geschichte einer Kurtisane, ein Bestseller. Die sinnlich-erotisch erzählten Liebesszenen, von manchen als lasziv-pornografisch bezeichnet, dürften mitverantwortlich für den Verkaufserfolg sein. Auch in ihrem Roman „Die Geschichte von Half dem Weibe" wendet sie sich einem historischen Stoff zu. Sie erhält dafür den Preis der Stadt Wien und eine mietfreie Gemeindewohnung im Kronawetterhof in der Josefstadt (Pfeilgasse 47–49). Alma Johanna Koenig porträtiert in ihren Werken sehr unterschiedliche Frauen: die selbstbewusste Prostituierte, die unterwürfige Ehefrau, die Muse. Sie werden „zum Spiegel ihrer Selbst aus der Distanz", in aller Widersprüchlichkeit. Alma Johanna Koenig empfindet sich selbst in der Zwischenwelt der zerbrechlichen jungen Frau, der duldenden, sich aufopfernden Ehefrau und der selbstbewusst-erotischen Verführerin. Dies zeigt sich besonders in ihren Gedichten und Werken, die sie während ihrer Ehe mit Bernhard Ehrenfels verfasst. Die anfängliche Liebe zu dem jungen Mann adeliger Abstammung, den sie für sein äußerlich attraktives und selbstbewusstes Auftreten bewundert, wird bald zu ihrem Verhängnis: „Sie kann die Diskrepanz zwischen seiner äußeren Schönheit und seiner Charakterlosigkeit noch nicht erkennen", schreibt Ellen Johanna Löffler in ihrer Dissertation über das Werk Alma Johanna Koenigs. Die Charakterlosigkeit ihres Mannes zeigt sich zunächst darin, dass er nahezu ihr gesamtes geerbtes Vermögen durchbringt. Um den letzten Rest seines Rufes und sich selbst vor den Gläubigern zu retten, beschließt er als Konsul nach Algier zu gehen. Angesichts seiner zahlreichen Seitensprünge, die er kaum verheimlicht, schwankt Alma Johanna Koenig zwischen Eifersucht und Verzweiflung. Schließlich folgt sie ihm nach Algier und verbringt dort fünf schwierige gemeinsame Jahre. Hier entsteht der Roman „Leidenschaft in Algier", der die Tragödie einer österreichischen Chemikerin in Abhängigkeit eines attraktiven Betrügers beschreibt und klare autobiografische Züge trägt. Neben diesem Werk verfasst Alma Johanna Koenig Novellen und Skizzen über Nordafrika, die sie, inspiriert von Reisen mit der Sahara-Forscherin Julia Wagner-Jauregg, verfasst. Nachdem Bernhard Ehrenfels die Vergewaltigung einer Antragstellerin im Konsulat, den Konkurs seiner Importfirma und seine korrupten Geschäftsmethoden nicht mehr verbergen kann, verlässt Alma Johanna Koenig 1930 ihren Mann und kehrt verarmt und krank nach Österreich zurück. In den nächsten drei Jahren gelingt es ihr, sich halbwegs mit ihrer schreibenden Tätigkeit über Wasser zu halten, als jedoch 1933 in Deutschland ihre Bücher verboten werden, kann sie ihre Arbeiten kaum mehr in österreichischen Zeitungen unterbringen. Ähnlich wie Käthe Braun-Prager beginnt sie Vorträge über historische Frauenpersönlichkeiten und frauenrelevante Themen zu halten, kann sich jedoch kaum davon ernähren und verarmt zusehends. So schwierig sich ihr Alltag in dieser Zeit gestaltet, so glücklich ist sie in ihren letzten Lebensjahren mit dem Schriftsteller Oskar Alfred Tauschinski, den sie Jan nennen wird. Tauschinski stammt aus Polen, ist Welthandelsstudent und wesentlich jünger als sie. Mit ihm findet sie eine für sie völlig neue Form der Partnerschaft, auf Augenhöhe. Jan Tauschinski bewundert, fördert und unterstützt sie. Er wird nach ihrem Tod ihre Arbeit in Erinnerung halten, unveröffentlichte Werke publizieren und einen nach ihr benannten Literaturpreis stiften. Zwar gelingt es ihm, ihren letzten großen Roman „Der jugendliche Gott" zu retten, sie selbst kann er jedoch nicht vor

Deportation und Ermordung bewahren. Mit dem Anschluss an Hitlerdeutschland verliert Alma Johanna Koenig ihre Wohnung und damit auch ihre Bibliothek. In den Sammelwohnungen, in die sie verwiesen wird – sie wird gezwungen ihren Wohnort in vier Jahren achtmal zu wechseln – verfügt sie meist nur über ein paar Quadratmeter. Hier schreibt sie mit höchster Selbstdisziplin und aus dem Gedächtnis einen historischen Roman über Nero, der posthum veröffentlicht, häufig als Anspielung auf das Gewaltregime Hitlers gelesen wird. Alma Johanna Koenig ist in keiner Weise politisch, vielmehr kann sie als humanistisch gesinnt bezeichnet werden. Dennoch ist es nicht von der Hand zu weisen, dass ihre Lebensumstände und die täglichen Demütigungen, die sie während der Fertigstellung des Romans erlebt, Teil des Werkes werden. Im Mai 1942 wird Alma Johanna Koenig in das Vernichtungslager Maly Trostinec deportiert. Dort verliert sich ihre Spur. Sie dürfte wie die anderen Opfer an den Gruben erschossen oder mit einem der drei verwendeten „Gaswagen" ermordet worden sein. Eine jüdische Ärztin überbringt Jan Tauschinski am 26. Mai 1942 die letzte Nachricht von Alma Johanna Koenig: „… Lebe für dich, hörst Du? Lass die Kraft Dir zurückströmen. Grüße alle! Meine einzige Sorge bist Du. Dir alles, was ich an Liebe habe! Nie habe ich mich so gefunden wie jetzt." Ihre Aussage, sich selbst gefunden zu haben, wirkt angesichts ihrer Ermordung besonders bitter.

Der Weg zur Adresse einer weiteren bedeutenden Frau führt stadteinwärts zur Stolzenthalergasse. Hier nach links und ein Stück die Gasse entlang beginnt die Josefstädter Straße. An dieser Kreuzung rechts geht es weiter bis zu einem kleinen Platz, an dem die Skodagasse ab-

zweigt und zum Hamerlingplatz führt. Die Schriftstellerin und Kunsthistorikerin Hilde Zaloscer (1903–1999) hat
hier im Haus mit der Nummer 2 ihre Jugend und Studien-
zeit in der elterlichen Wohnung verbracht.

Das dreimalige Exil
Hilde Zaloscer

Nach der Annexion Bosnien-Herzegowinas durch Kaiser
Franz Joseph I. 1908 wandert der Großvater Hilde Zalos-
cers mit seiner Familie in die neue Provinz der österrei-
chisch-ungarischen Monarchie aus. 1903 in Tuzla geboren,
wächst Hilde Zaloscer in Banja Luca auf und beschreibt
ihre ersten Lebensjahre als „Jugend einer Tochter aus groß-
bürgerlichem Haus, wo alles da war von der Gouvernante
bis zum Chauffeur, wo man materielle Sorgen nicht kann-
te". Ihre Familie ist hochgebildet und musikalisch interessiert, Literatur spielt eine große Rolle, Politik eine umso
geringere. Mit Ausbruch des Ersten Weltkrieges endet das
sorglose Leben. 1918 flieht die Familie mit ihren drei Töchtern nach Wien, in die Heimatstadt der Großeltern, und bezieht die Wohnung am Hamerlingplatz 2 im achten Bezirk
– für Hilde Zaloscer das erste Exil, verliert sie doch alles,
was ihr bis dahin vertraut war. Trotz anfänglicher finanzi-
eller Probleme und den Schwierigkeiten des Vaters als Ju-
rist in Wien Fuß zu fassen, wird allen Töchtern in der darauffolgenden Zeit ein Hochschulstudium ermöglicht. Hilde
Zaloscer studiert an der Philosophischen Fakultät Kunstgeschichte bei Josef Strzygowski, der über ihre Dissertation zunächst ein vernichtendes Urteil fällt. Trotzdem ge-

lingt es Hilde Zaloscer 1926 mit einer besonders strengen mündlichen Prüfung zu promovieren. Mit Abschluss ihres Studiums beginnt sie ihre Suche nach einer adäquaten Anstellung, die jedoch erfolglos bleibt. So absolviert sie eine weitere Ausbildung an der Graphischen Lehranstalt, arbeitet zwischendurch bei der Kunstzeitschrift „Belvedere", gestaltet Führungen im Kunsthistorischen Museum und hält engagierte Vorträge an den Wiener Volkshochschulen, um „Kunst ins Volk" zu bringen. Dass sie keine existenzsichernde Beschäftigung findet, erklärt sie sich in späteren Jahren mit der antisemitischen Stimmung in Wien. Aus „Ekel vor der Enge der geistigen Atmosphäre in Wien" und „wegen des immer größer werdenden Antisemitismus, den jetzt nur ein total Blinder übersehen konnte" beschließt sie 1936 nach Ägypten zu gehen. Dort zunächst als „Housekeeper" beschäftigt, lernt sie über den „Verein akademischer Frauen" die europäische Oberschicht Ägyptens kennen und hält bald Vorträge in französischer Sprache. In Kairo lernt sie Etiénne Drioton, Direktor des staatlichen ägyptischen Museums kennen, der schließlich ihr Interesse für koptische Kunst weckt und damit den Grundstein für ihren späteren Ruf als Expertin für die Kunst ägyptischer Christen, den sogenannten Kopten, legt. Mit den Worten „Untersuchen Sie das, machen Sie etwas daraus" überreicht er ihr den neuesten Ankauf des Museums: einen Karton mit dreißig Fotos zu koptischer Kunst. Mit unorthodoxen Untersuchungsmethoden und ihrem Motto „selbst denken, selbst schauen, selbst erleben" forscht sie ohne Fachbibliothek zu den Werken christlicher Kunst in Ägypten. Sie lässt sich dabei auch von ihrem Lieblingsautor Thomas Mann und dessen Buch „Joseph und seine Brüder" inspirieren. Die Auseinandersetzung mit Thomas Mann

führt nicht nur vorübergehend zu einem intensiven Brief-
wechsel mit dem Schriftsteller, sondern auch zur Veröf-
fentlichung einiger ihrer Aufsätze, unter anderem mit den
Titeln „Ägypten im Werke von Thomas Mann" oder „Die
Montage-Technik im Oeuvre von Thomas Mann". In ihren
Forschung zu den Kopten selbst vergleicht Hilde Zaloscer
deren Lebenssituation unter der Herrschaft von Griechen,
Römern oder Byzantinern in Ägypten mit ihrer aktuellen
Lebensweise in den 1930er-Jahren. Die angenommene so-
ziopolitische Analogie verhilft ihr zu neuen Erkenntnissen,
mit denen sie international anerkannt und geschätzt wird.
Mit Ausbruch des Zweiten Weltkrieges wird ihre Situation,
obwohl sie in Ägypten lebt und arbeitet, ebenfalls bedroh-
lich. Nachdem ihrer Familie die Flucht aus Wien gelingt,
trifft sie sich mit ihren Eltern in Paris. Bei ihrer Rückkehr
nach Ägypten verliert ihr Visum seine Gültigkeit. Sie gilt
durch den Anschluss Österreichs 1938 als Reichsdeutsche
und läuft Gefahr als „enemy alien" in einem Internierungs-
lager zu landen. Sie schließt eine Scheinehe, wird zur Ägyp-
terin und damit offiziell auch zu einer Muslima mit dem
neuen Namen Samira Shukri. Obwohl damit ihr Aufenthalt
in Ägypten gesichert ist, versucht sie unmittelbar nach
Kriegsende 1947 wieder nach Wien zurückzukehren, um
ihre Familie, die teilweise überlebt hat – 34 Mitglieder der
Familie wurden ermordet –, wiederzusehen und erneut
den Versuch einer wissenschaftlichen Karriere zu wagen.
Enttäuscht vom unverändert allgegenwärtigen Antisemitismus an der Wiener Universität kehrt sie bald wieder
nach Ägypten zurück, um der Berufung an die Universität
Alexandriens zu folgen. Wenig später, während des ersten
israelisch-arabischen Krieges und kurz nach der Gründung
Israels 1948/49, steht sie zwischen den Fronten. Sie erhält

anonyme Anzeigen und wird beschuldigt, eine zionistische Spionin zu sein, dennoch kann sie bis 1968 in Alexandrien unterrichten. Als der dritte israelisch-arabische Krieg ausbricht, gelingt es ihr nur mit größten Schwierigkeiten auszureisen und sich in Sicherheit zu bringen. Hilde Zaloscer ist zu diesem Zeitpunkt 65 Jahre alt und versucht ein drittes Mal, in Wien Fuß zu fassen. Ohne sich ein Blatt vor den Mund zu nehmen, kommentiert sie in ihrer Erinnerung ihre Situation zwischen 1968 und 1971: „... die einstigen Nazis hießen jetzt – konnte es Zynischeres geben? – Freiheitliche. Es gab die Borodajkewyz-Affäre, es gab Freisprüche für einstige Naziverbrecher. Und es ergab sich für mich die Situation, dass ich, im Ausland als bekannte Koptologin anerkannt, in Wien vor dem materiellen Nichts stand! ... Und dazu saßen alle meine einstigen Kollegen ... in guten, in besten Positionen ... in schönen Wohnungen – und es ging ihnen allen, wie es ihnen nie gegangen wäre, wäre alles mit rechten Dingen vor sich gegangen!" Mit dem Verkauf ihrer Thomas-Mann-Briefe kann sie sich noch eine Weile über Wasser halten, als auch diese Reserve aufgebraucht ist, denkt sie in ihrer Verzweiflung an denselben Weg, den viele zurückgekehrte Juden angesichts der feindlichen Stimmung in Österreich gegangen sind: Selbstmord. Glücklicherweise gelingt es einigen ihrer Freunde in den USA, an der Carlton-University in Ottawa, eine Gastprofessur für Hilde Zaloscer zu organisieren und die Wissenschaftlerin von ihrem Vorhaben abzubringen. Ein weiteres Mal verlässt die Kunsthistorikerin Wien, um bis 1974 mit Vortragsreisen und wissenschaftlichen Publikationen im Ausland zu verbringen. Danach kehrt sie ein letztes Mal nach Wien zurück. Zwischen 1975 und 1978 ist sie schließlich Lehrbeauftragte am Kunsthistorischen Institut der

Universität Wien. Erst im hohen Alter wird sie spät, aber doch durch zahlreiche Preise für ihr Lebenswerk geehrt. 1997, zwei Jahre vor ihrem Tod, veröffentlicht sie im Alter von 96 Jahren noch ihr letztes Werk mit dem Titel „Visuelle Beschwörung – autonomes Kunstwerk – Ideograph", in dem sie sich ausführlich mit den Veränderungen des Kunstbegriffs im Lauf der Jahrhunderte beschäftigt. Trotz der hohen Anerkennung, die ihr nun zuteil wird, bereut Hilde Zaloscer bis an ihr Lebensende ihre Rückkehr nach Österreich: „Ich bedaure ... nichts! Und sollte ich heute mein Leben wiederleben, ich würde alles wieder so und nicht anders tun. Nur eines bedaure ich: Dass ich wieder nach Wien zurückgekehrt bin! Zurück in eine Atmosphäre, die sich nicht geändert hat, unter Menschen, die die gleichen geblieben sind. Ich lebe nun hier in Wien, in einer geistigen und menschlichen Wüste, bekomme antisemitische Drohbriefe, kenne keinen Menschen, mit dem ich sprechen könnte, in einem Land, dem die Abwanderung der jüdischen geistigen Elite den Stempel aufgedrückt hat, das kleinkariert, provinziell und vor allem so bösartig ist! Manchmal denke ich, ich muss ersticken! ... Das ärgste aber war die Mauer des Schweigens. Keiner fragte mich, wie ich die Emigrationsjahre überlebt hatte, keiner sprach über das Entsetzliche, das sich hier abgespielt hatte! ... Das alles hatte es nicht gegeben, alles war wie weggewischt. Ich lebte in einem Narren- oder Verbrecherparadies!" Derart deutliche Worte werden bis heute in Österreich nur selten ausgesprochen.

Vom Hamerlingplatz 2 führt der Spaziergang die Skodagasse noch ein Stück weiter entlang bis zur Florianigasse. Hier geht es rechts zum Schlesingerplatz, dessen Bedeutung im Jahr 2006 grundlegend verändert wird.

Wer repräsentiert wen?

Die Benennung öffentlicher Flächen, das Zuweisen von Namen und Bezeichnungen für Straßen und Plätze ist ein politischer Akt. An wen in welcher Form und warum erinnert wird, ist eine politische Entscheidung, die in der Vergangenheit oft entlang der Machtverhältnisse gefällt wurde – auch entlang der machtvollen Strukturen der Geschlechterverhältnisse. So sind wesentlich weniger Straßen und Plätze nach Frauen als nach Männern benannt. Bei Gedenktafeln und Denkmälern sind Frauen ebenfalls noch unterrepräsentiert.

Straßen- und Platzbenennungen erfüllen auch die Funktion eines „Gedächtnisspeichers". Sie verweisen auf das Geschichtsbewusstsein der Stadt, des Bezirks und deren Bewohnerinnen und Bewohner, und dieses Geschichtsbewusstsein ist veränderlich. Welcher Personen gedacht wird, welche Ereignisse als bedeutsam für die eigene Identität und die eigenen Werte gesehen werden, ist neben dem Wissen darüber und der Interpretation dieses Wissens auch mit der politischen Haltung zu den historischen Ereignissen und deren Protagonistinnen und Protagonisten verknüpft. Wird an christlich-soziale Politiker mit klar antisemitischer Haltung erinnert oder an sozialdemokratische Vorkämpferinnen des Frauenwahlrechts? Mit welchen Personen und den von ihnen vertretenen Werten wollen sich die Bezirks- und Stadtbewohnerinnen und -bewohner identifizieren? Mit dieser grundsätzlichen Frage haben sich Menschen hier in der Josefstadt, dem achten Bezirk, vor einigen Jahren intensiv beschäftigt. Ausgangspunkt der Debatten ist der erwähnte Schlesingerplatz:

1901 wird der Platz vor dem Bezirksamt in Erinnerung an den christlich-sozialen Gemeinderats- und Reichsratsabgeordneten Josef Schlesinger (1831–1901) benannt. Als Verbündeter des damals amtierenden Bürgermeisters Dr. Karl Lueger gilt Schlesinger als „Einpeitscher des Rassen-Antisemitismus" und erklärter Feind der Arbeiterbewegung. Zwischen 1938 und 1948 wird der Schlesingerplatz vorübergehend Conrad von Hötzendorf-Platz genannt, nach einem österreichischen Feldmarschall im Ersten Weltkrieg, um schließlich in der Nachkriegszeit wieder nach Schlesinger „zurückbenannt" zu werden. 2005 engagieren sich mehrere Bezirksvertreterinnen und -vertreter, unterstützt von Dr. Gerhard Senft, Professor der Wirtschafts- und Sozialgeschichte an der Wirtschaftsuniversität Wien, für eine Umbenennung des Platzes. Zur Kostenvermeidung – Umbenennungen ziehen Kosten für neue Stadtpläne, Adress- und Dokumentenänderungen nach sich – wird vorgeschlagen, eine Namensgleichheit zu nützen und den Platz lediglich „umzuwidmen". So soll er fortan Therese Schlesinger (1863–1940), einer der ersten abgeordneten sozialdemokratischen Frauen zum Nationalrat und Vorkämpferin für Frauenrechte gewidmet werden. 2006 wird der Platz nach langen Diskussionen und gestützt von einer wissenschaftlichen Expertise des Wiener Stadt- und Landesarchivs tatsächlich nach Therese Schlesinger genannt und eine Zusatztafel angebracht, die keinen Zweifel mehr darüber zulässt, wem der Platzname nun gedenkt. Auf diese Weise könnten noch einige weitere Verkehrsflächen Wiens umgewidmet und nach Frauen benannt werden.

„Immer mit sich und der Partei um den rechten Weg ringend"
Therese Schlesinger

Therese Schlesinger (1863–1940), geb. Eckstein, stammt aus einer prominenten und außergewöhnlich intellektuellen und liberalen Familie. Ihr Vater Albert Eckstein ist erfolgreicher Unternehmer, geschäftstüchtiger Erfinder und Intellektueller zugleich. In Prag geboren, studiert er Chemie, um anschließend eine Pergamentpapierfabrik zu eröffnen, in der er speziell behandelte Papiersorten entwickelt, die sowohl als Wundverband als auch für Leichentücher verwendbar sind. Eisbeutel aus Pergamentpapier erfindet er ebenso wie „unempfindliches Druckpapier für Generalstabskarten" und „diebstahlsichere Briefkuverts". Er heiratet 1860 die für damalige Verhältnisse „über den Durchschnitt gebildete und feinsinnige" Amalie Wehle, die ebenfalls aus Prag stammt. Amalie Wehle wäre gerne Lehrerin geworden, aber das für sie vorgesehene bürgerliche Lebensmodell lässt sie zur Unternehmergattin und Mutter von zehn Kindern werden. Ihre zweite Tochter Therese beschreibt sie dennoch als selbstbewusste Frau: „Sie hatte nicht die weibliche Art, sich ins Unabänderliche zu fügen, weil sie immer stärker und gesünder war als die meisten anderen Frauen." Amalie Wehle bleibt Zeit ihres Lebens an Bildung interessiert und begleitet ihren Mann zu wissenschaftlichen Vorträgen von Josef Popper-Lynkeus, Ernst Mach und Karl Bernhard Bühl. Dennoch wird ihren Töchtern im Gegensatz zu den Söhnen keine höhere Bildung zugestanden. Während der älteste Sohn Friedrich Eckstein als Universalgenie gilt, das mit vielen anderen Intellektuellen seiner Zeit verkehrt, und

Therese Schlesinger

Gustav Eckstein, der jüngste Sohn, Jus studieren kann und zu einem der bedeutendsten marxistischen Theoretiker wird, kämpft Therese Schlesinger Zeit ihres Lebens mit dem Gefühl, über zu wenig Bildung zu verfügen. Stella Klein-Löw gegenüber äußert sie in späteren Jahren ihre

„Angst, unwissend zu sterben". Therese Schlesinger besucht lediglich die Volks- und Bürgerschule und erhält zu
Hause noch ein wenig Privatunterricht, vor allem in Geschichte mit Schwerpunkt Aufklärung und Französische
Revolution. Ihr umfassendes Wissen wird sie sich bis zuletzt autodidaktisch und meist in der Nacht aneignen:
„Beides die Leselust und die Schlaflosigkeit begleitete sie
zeitlebens", schreibt Marina Tichy. 1888 heiratet sie den
um 15 Jahre älteren Bankbeamten Viktor Schlesinger und
bringt 1889 unter Lebensgefahr ihre Tochter Anna zur
Welt. Ihre Hebamme hatte sie während der Geburt mit
der bakteriellen Infektionskrankheit Rotlauf angesteckt,
die eine schwere Gelenksentzündung hervorruft, von der
sich Therese Schlesinger nur mit einer bleibenden Behinderung erholt: Ihr Hüftgelenk bleibt steif und ihr rechter
Fuß verkürzt. Die darauffolgenden zwei Jahre verbringt
sie im Rollstuhl und erlebt weitere Schicksalsschläge. Ihr
Mann Viktor stirbt 1891 an Tuberkulose und auch ihre
kleine Tochter erkrankt schwer. Ständig mit Krankheit
und Tod beschäftigt und ums eigene Überleben kämpfend,
dringen dennoch die politischen Ereignisse dieser Jahre
zu ihr durch. 1890 findet der erste Mai-Aufmarsch der
Wiener Arbeiterbewegung statt, und als Therese Schlesinger davon liest, dass junge Arbeiterinnen bei Versamm-
lungen Reden halten, ist sie an die Bilder der Französischen Revolution aus ihrer Kindheit erinnert und empfindet eine starke „Sehnsucht, mich über persönliches
Unglück emporzuheben und an den großen Kämpfen meiner Zeit teilzunehmen". Nach ihrer Genesung wendet sie
sich zunächst der radikalen, bürgerlichen Frauenbewegung zu. Marie Lang (siehe S. 112), eine ihrer engen Freundinnen, die ihr in der schweren Zeit beigestanden hat,

überzeugt sie, sich dem Allgemeinen Österreichischen Frauenverein (AÖF) anzuschließen, deren charismatische, aber auch autoritäre Mitbegründerin Auguste Fickert prägend für Therese Schlesingers Verständnis von Frauenpolitik werden wird. Obwohl die Lehrerin und Frauenrechtlerin Auguste Fickert mit den führenden Sozialdemokraten Otto Glöckel und Karl Seitz zusammenarbeitet und gemeinsam mit ihrer Lebensgefährtin Ida Baumann Vorträge in Arbeiterinnen-Vereinen hält, ist sie strikt gegen „eine Verschmelzung, ein Ineinanderaufgehen" der Frauenbewegung in der Arbeiterbewegung. Sie ist davon überzeugt, dass „Frauen ... um sich zu Individualitäten zu entwickeln, ganz andere innere Hemmnisse zu überwinden (haben) als die Arbeiter". Ihrer Ansicht nach muss „die Frauenbewegung ... also von ganz anderen Gesichtspunkten ausgehen, andere Weckungsmittel ergreifen als die Sozialdemokratie". Diese klare, politische Position ihrer Mentorin stürzt Therese Schlesinger immer wieder in Loyalitätskonflikte, und sehr bald zeigt sich, dass Auguste Fickert nahezu bedingungslos Gefolgschaft fordert: Fickert droht ihr mit dem „Hinauswurf", nachdem sie mehrmals sozialdemokratische Veranstaltungen besucht hat. Therese Schlesinger attestiert ihr postwendend eine „Neigung zur Heftigkeit" und wird sich in der Folge als eine der wenigen Frauen, die Auguste Fickert verehren, von ihr emanzipieren, wenngleich ihre Zerrissenheit zwischen Frauen- und Arbeiterbewegung bleibt. Die beiden Frauen tragen ihre Meinungsverschiedenheit zu diesem Thema auch öffentlich in der Zeitschrift „Volksstimme" aus, wobei sie einander in der Argumentation klar und sachlich gegenüberstehen. 1897 trifft Therese Schlesinger schließlich ihre Entscheidung und wechselt zur Sozialdemokratie, ohne endgültigen Bruch mit Auguste Fickert – die beiden bleiben bis zu Fickerts frühem Tod in brieflicher und wohl auch persönlicher Verbindung. Therese Schlesinger versucht nun innerhalb der Sozialdemokratie eigene Frauenorganisationen durchzusetzen – mit wechselndem Erfolg. Im gewerkschaftlichen Fachverein der Buchbinderinnen gelingt es ihr gemeinsam mit Minna Krasa eine Arbeiterinnen-Organisation aufzubauen, und 1901 gründet sie den „Verein sozialdemokratischer Frauen und Mädchen", während ihr Versuch die weiblichen Versicherungsangestellten zu mobilisieren zunächst scheitert und erst zehn Jahre später mit der Gründung einer Frauensektion innerhalb der Gewerkschaft gelingt. Parallel dazu setzt sich Therese Schlesinger hartnäckig und ausdauernd für die Einführung des Frauenwahlrechts ein, nicht zuletzt auch deshalb, weil sie fest davon überzeugt ist, dass Frauen ihre Interessen selbst am besten kennen und vertreten können. In einer ihrer zahlreichen politischen Publikationen stellt sie hierzu die Frage: „Wie sollen Männer in der Lage sein, die Bedürfnisse und Forderungen der Frauen genau zu kennen und mit Hingebung dafür einzutreten ... Ist es denn überhaupt möglich, dass irgend eine Gruppe von Menschen die Bedürfnisse einer anderen jemals so genau kennt und so aufopfernd vertritt wie ihre eigenen?" Von den Parteigenossen, allen voran Victor Adler, erhält sie für ihren Kampf um das Frauenwahlrecht jedoch bei weitem nicht in demselben Maße die Unterstützung, die sie bereit ist, den männlichen Genossen für „ihre" Anliegen zukommen zu lassen. So agitiert sie beispielsweise 1901 im Wahlkampf für Victor Adler und begibt sich zu diesem Zweck trotz schlechter Straßenbahnverbindungen, weiter Fußwege und hartem Winter in die Arbeiterbezirke Favoriten und Simmering. Nicht nur ihre körperliche Behinderung lässt diese politische Tätigkeit beschwerlich und hürdenreich werden, sondern auch ihr Frausein: „Uns Frauen wurde die Arbeit aber auch noch dadurch erschwert, dass damals die Frau im politischen Leben noch eine ganz ungewohnte Erscheinung war, die speziell den christlich-sozialen Pöbel furchtbar erregte, so dass jede Rednerin und jede Häuseragitatorin auf Schritt und Tritt mit den ordinärsten Beschimpfungen überhäuft wurde und in den entlegensten Teilen von Favoriten ... war man wirklich am Abend seines Lebens nicht sicher." Als sie ein Jahr zuvor während des Grazer Parteitages von ihren Parteigenossen Solidarität und aktives Eintreten für das Frauenwahlrecht einfordert, erntet sie von Victor Adler Spott: „Sie sind noch nicht so emanzipiert wie Sie gelten wollen"; und den Hinweis auf die, seiner Meinung nach, fehlende Bedeutung ihres Anliegens: „... Aber sagen Sie mir, haben wir hier keine anderen Sorgen wie die?" Therese Schlesinger erinnert sich an diese parteiinternen Auseinandersetzungen mit den Worten: „Was hört man nicht oft für spießbürgerliche Ansichten nicht nur von sonst ganz gescheiten und durchaus ehrlichen Genossen, sondern auch von großen Leuchten unserer Partei vertreten! Die Haare stehen mir manchmal zu Berge! ..." Sie wirkt angesichts der zahlreich erlebten Anfeindungen fast übermenschlich gelassen, wenn sie in einem Brief an Auguste Fickert schreibt: „... ich werde gerade in der Partei gehaßt, verleumdet usw. ... Es ist eine Sache, die vorübergehen wird und nur auf persönlicher Eifersucht und Niedrigkeit beruht." Therese Schlesinger holt sich in diesen Momenten Kraft und Unterstützung im Briefwechsel mit Karl Kautsky und im

Austausch mit ihrem Lieblingsbruder Gustav sowie ihren Freundinnen. Karl Kautsky ist vor allem zu Beginn ihrer publizistischen Tätigkeit wohlwollender Kritiker und Förderer ihrer Arbeit und ihr Bruder Gustav unterstützt sie in ihrer Auseinandersetzung mit sozialistischer Ethik und marxistischer Theorie. Ihr intensiver intellektueller und praktisch-politischer Einsatz wird schließlich belohnt. 1918 erhalten die Frauen in Österreich das Wahlrecht und Therese Schlesinger zieht gemeinsam mit sechs weiteren Sozialdemokratinnen und einer christlich-sozialen Frau in das österreichische Parlament ein. Am 4. März 1919 wird sie als eine der ersten Frauen in der Nationalversammlung angelobt und bringt in ihrem ersten Antrag die „Zulassung weiblicher Schüler zu den Unterrichtsanstalten aller Kategorien" ein. Schulbildung, die ihr verweigert wurde, solle nun den nachkommenden Mädchengenerationen ohne Hürden ermöglicht werden. Auch wenn ihr selbst höhere Bildung an der Universität verwehrt war, neuen Gedanken gegenüber offen zu sein, hat sie von ihrem Elternhaus und ihren Geschwistern mitbekommen.

Beeinflusst von ihrer Schwester Emma Eckstein, die ebenfalls engagierte, links-liberale Frauenrechtlerin ist und als Förderin der Psychoanalyse Sigmund Freuds aktiv wird, tritt Therese Eckstein auch für die Behandlung „psychisch gefährdeter" Kinder und Jugendlicher ein und kann sich eine sozialpsychologische Ausbildung von Entscheidungsträgern bei Gericht vorstellen, „... bis zu dem Zeitpunkt, in welchem sie den Ärzten und Fürsorgern den Platz räumen werden". Zudem ist sie davon überzeugt, dass Gefängnisse und Kerker mit den alltäglichen Demütigungen ihrer Insassen, keine geeigneten Mittel sind, um straffällig gewordene Menschen wieder zu „vollwertigen" sozialen Mitgliedern der Gesellschaft werden zu lassen. Vielmehr sieht sie in den Methoden der Psychoanalyse Möglichkeiten der Prävention und für die gesamte Gesellschaft einen Weg zu seelischer Gesundheit.

Verstärkt wird diese Überzeugung durch den wohl schlimmsten Schicksalsschlag ihres Lebens. Am 28. Februar 1920 begeht ihre Tochter Anna im Alter von 31 Jahren Selbstmord. Im Abschiedsbrief an ihre Mutter beschreibt sie ihr Leben als Ballast und Scheitern. Als Grund für ihren Selbstmord gibt sie an, dass sie nun zum fünften oder sechsten Mal psychisch schwer krank und dadurch unfähig zu arbeiten sei: „Ich kann nicht so leben unter lauter Arbeitenden. Ich weiß, es ist feig, zu fliehen, verzeih' mir, Du und alle anderen, die ich unglücklich mache. Könnte ich arbeiten, auf eigenen Füßen stehen, Euch eine Stütze sein, aber das ist mir nicht möglich. Dank dir, Mutterl, ... könnt ich so gut sein wie Du! Mein liebes Mutterl, leb' wohl. Dein Annerl". Therese Schlesinger verwindet den tragischen Verlust ihrer Tochter kaum und empfindet Schuldgefühle. Den Selbstmord ihrer Tochter erklärt sie in einem Brief an ihren Freund Karl Kautsky unter anderem auch mit dem schmerzvollen Verlust ihres Lieblingsbruders und Annas Lieblingsonkel Gustav, der 1916 an seiner Lungenkrankheit gestorben ist: „... weil ich mir einbilde, dass ich auch mein Annerl nicht hätte verlieren müssen, wenn Gustav gelebt hätte. An ihm hätte sie sicherlich die geistige und seelische Stütze gefunden, die ich ihr nicht habe bieten können, trotz aller Zärtlichkeit, die zwischen uns waltete." Therese Schlesinger hat in diesen Jahren weitere Verluste zu verkraften. Ein Jahr nach dem Tod ihrer Tochter stirbt ihre Mutter Amalie im Alter von 85 Jahren und nur drei Jahre später verliert sie ihre Schwester Emma, die an einem Gehirnschlag im Alter von 59 Jahren stirbt. Therese Schlesinger stürzt sich, wie schon so oft in schweren Lebenssituationen, in ihre politische Arbeit und wird zudem – ein nachträgliches Geschenk ihrer Tochter Anna – Mentorin junger Sozialdemokratinnen. Kurz vor ihrem Tod stellte Anna für die jungen Genossinnen, die begeistert den Vortrag ihrer Mutter über „Frau und Sozialismus" gehört hatten, den Kontakt zu ihr her. Stella Klein-Löw, Marianne Pollak und Käthe Leichter besuchen in der darauffolgenden Zeit regelmäßig Therese Schlesinger, um mit ihr auf Augenhöhe zu diskutieren. Stella Klein-Löw schreibt später über diese Begegnungen: „Sie war ... eine ältere Frau, stark gehbehindert und kränklich. Sie wirkte auf uns Junge zunächst fast zaghaft und schüchtern, als wollte sie zuwarten, als zögerte sie. Dieser Eindruck verschwand aber, wenn man mit ihr sprach ... Was sie sagte, galt, ohne dass sie darauf bestand oder ihre Meinung als die einzig richtige auffasste. Wir diskutierten viel und eifrig. Nichts war von vornherein selbstverständlich. Es war eine echte Diskussion, kein Scheingefecht der Worte und Sätze. Behauptungen und Gegenbehauptungen folgten einander. Was man sagte, durfte und musste man begründen." Käthe Leichter schreibt über Therese Schlesinger: „Nie ist sie den Jungen mit jener Selbstüberheblichkeit entgegengetreten, die alles besser weiß", und erklärt sich ihre Haltung damit, dass „... sie selbst immer eine Sucherin war, selbst immer mit sich und mit der Partei um den rechten Weg ringend." So bereichernd diese Besuche der jungen Frauen wohl auch für Therese Schlesinger gewesen sein mögen, umso deutlicher tritt in den folgenden

Jahren ihre körperliche Schwäche aufgrund ihres Alters in den Vordergrund. 1926 verfasst Therese Schlesinger in dem wegweisenden Linzer Programm der Sozialdemokratie noch den Text zur Frauenfrage mit bis heute aktuellen Standpunkten und Forderungen. 1933 legt sie ihre politischen Funktionen in Partei und Parteivorstand zurück. 1934 muss sie der Zerschlagung ihres Lebenswerkes durch Bürgerkrieg und Austrofaschismus tatenlos zusehen. Sie ist zu alt, um im Untergrund weiter für ihre Ideale zu kämpfen. Die mutige Vorkämpferin vereinsamt zusehends. Bis zu ihrer Flucht wechselt sie trotz ihres Alters noch mehrmals ihre Wohnung – die Gründe hierfür sind nicht bekannt. Geschwächt und gealtert wird sie in Paris 1939 von Marianne Pollak, einer ihrer Schülerinnen, in Empfang genommen und von ihr gemeinsam mit anderen Freunden und Genossinnen versorgt. Am 5. Juni 1940 stirbt sie in einem Sanatorium in Blois. Den Einmarsch deutscher Truppen in Paris sechs Tage später erleben zu müssen, bleibt ihr erspart.

Therese Schlesingers Leben hatte seinen Mittelpunkt in Wien eher im fünften und sechsten Bezirk. Auch wenn ihr Andenken dort eher „historisch korrekt" verortet scheint, kann es doch mehr als gerechtfertigt betrachtet werden, dass dieser unermüdlichen Kämpferin für eine bessere, menschlichere Gesellschaft und die Gleichberechtigung der Geschlechter mit der Platzbenennung im achten Bezirk ein Denkmal errichtet wurde.

Die nächste Station des Spaziergangs führt zu einer völlig anderen Art, Frauen und Frauengeschichte ein Denkmal zu errichten oder anders gesehen, ihnen Raum im öffentlichen Raum zu verschaffen.

Es geht wieder die Florianigasse zurück (immer den Straßenbahnschienen entlang), bis zum Ende der Straße, an dem der Uhlplatz liegt. Auf dessen Rückseite sehen Sie eine Backstein-Kirche, die dem Hl. Franziskus Seraphikus geweiht ist. Auf der anderen Seite der Kirche öffnet sich der Blick auf eine der meistbefahrenen Straßen: der Gürtel mit den von Otto Wagner erbauten Stadtbahnbögen. Genau gegenüber der Kirche unter dem Bogen mit der Nummer 48 befindet sich der Transparente Raum der Künstlerin VALIE EXPORT.

Ein großer Missgriff?!
Der Wiener Gürtel

Verkehrshölle, soziale Problemzone und Trennlinie, Bordellmeile oder Prunkstraße des Proletariats, lebendige Kultur- und Musikszene, Ort der dynamischen Stadtentwicklung – all diese Zuschreibungen erfährt die am stärksten befahrene Landesstraße Wiens. Mit einer Verkehrsfrequenz von über 85.000 Kraftfahrzeugen pro Tag und Spitzen bis zu 100.000 Autos ist der Gürtel eine der meist frequentierten Straßen Europas. Der Autoverkehr dominiert nach wie vor den gesamten Verlauf der Straße, die Innen- und Außenbezirke voneinander trennt. Der Mittelstreifen des Gürtels ist über weite Strecken von den im 19. Jahrhundert gebauten Stadtbahnbögen Otto Wagners geprägt, der den Gürtel schon damals als einen Ort, der „in ästhetischer Beziehung ... als großer Missgriff zu betrachten (ist)", bezeichnet und vorschlägt, ihn mit seinen ästhetischen Mitteln des Jugendstils aufzuwerten.

Diese geplante Aufwertung wird mit dem Bau der Stadtbahn, der zwischen 1893 und 1898 umgesetzt wird, zu einer sichtbaren Grenze zwischen den Bezirken, die sich im Lauf der folgenden Jahrzehnte mehr und mehr schließt. So werden die Bögen unter der Stadtbahn für geschlossene Lagerräume und als Geschäfte oder Autoreparaturwerkstätten verwendet. Ein Über-den-Gürtel-Gehen ist damit an vielen Stellen nicht mehr möglich. Zwar errichtet zwischen 1898 und 1906 die Stadtverwaltung zahlreiche Grünanlagen im Mittelstreifen und das Rote Wien der Zwischenkriegszeit denkt an eine Bebauung des Gürtels mit sozialen Wohnbauten in Form einer „Ringstraße des Proletariats" mit Kinderspielplätzen und grünen Höfen, aber die Nachkriegszeit und die Begeisterung der Fünfzigerjahre für den Autoverkehr machen den Gürtel schließlich zu einer lauten mehrspurigen Stadtautobahn. Sehr bald zeigen sich die negativen Auswirkungen der Autoeuphorie. Der Gürtel wird zur „Verkehrshölle" mit sinkender Lebensqualität durch Lärm- und Umweltverschmutzung. Hinzu kommen Probleme im Mietrecht und der Wohnungsspekulation, die zur Verslumung der Wohngebiete vor allem am äußeren Gürtel führen. Der dadurch entstehende hohe Anteil an Substandardwohnungen prägt die Bevölkerungsstruktur der Außenbezirke: Untere Einkommensschichten mit hohem Arbeitslosenanteil und zugewanderte Menschen siedeln sich hier an, nachdem sie sich die hohen Mieten der sanierten Altbauten in den Innenbezirken nicht leisten können.

Ausgegrenzt und keinen geschützten Raum
Sexarbeiterinnen

In dieser Zeit entwickelt sich der Gürtel auch zu einer Stra-
ße der Sexarbeit und „Bordellmeile". Zahlreiche „Etablis-
sements" entstehen, und Sexarbeiterinnen werben auf der
vielbefahrenen Straße um ihre Kunden. Aber nicht nur der
„Strich" für Frauen entsteht hier. In der angrenzenden
Herbststraße im 16. Bezirk findet sich über lange Zeit der
„Arbeitsstrich für Schwarzarbeiter", auf die vor allem die
Bauindustrie gerne zurückgreift, um die durch ihre Illega-
lisierung ausbeutbar gemachten Zuwanderer ohne soziale
Absicherung im Baugewerbe zu beschäftigen und damit
Personalkosten zu sparen. Beides verschwindet in den
letzten Jahren durch Verbote oder Verlagerung aus der
Gürtelgegend. Das neue Wiener Prostitutionsgesetz des
Jahres 2011 verbietet die Anbahnung sexueller Dienst-
leistungen in Wohngebieten. Einzelne selbsternannte und
aggressiv auftretende Vertreterinnen und Vertreter der
Anrainer einiger Bezirke haben sich hier machtvoll durch-
gesetzt. Die gesellschaftliche Realität der bezahlten sexuellen Dienstleistung soll unsichtbar gemacht werden und
in abgelegenen Gebieten am Stadtrand stattfinden, zur Sicherheit der „anständigen Bürgerinnen und Bürger". Die
Sicherheit der Sexarbeiterinnen wird hierbei kaum in den
Blick genommen. In den wenigen „Erlaubniszonen", in denen Prostitution nun gestattet sein soll, fehlt die nötige
Infrastruktur wie Toiletten, Orte zum Aufwärmen, Polizei-
Stationen und medizinische Einrichtungen. Während für
die Bewohnerinnen und Bewohner am Gürtel neue Licht-
konzepte entwickelt und die Hecken geschnitten werden,

sollen Sexarbeiterinnen in düsteren Stadtrandgebieten ihrem Geschäft nachgehen. Als zweite Möglichkeit wird die Indoor-Prostitution in Bordellen, Prostitutionslokalen (mit neuen strengen Auflagen, die auch den Arbeitnehmerinnenschutz miteinbeziehen) von der Stadtverwaltung angestrebt. Die Ambivalenz der Gesellschaft im Umgang mit Sexarbeit lässt sich hier erneut ablesen: Einerseits werden vorsichtige Schritte in Richtung Anerkennung als Dienstleistung und damit Schutz für die in diesem Beruf Tätigen gesetzt. Andererseits werden sie noch mehr – gesellschaftlich wie räumlich – an den Rand und somit in die Unsichtbarkeit gedrängt – entgegen aller neueren Erkenntnisse der Gender Studies, die den privaten Raum als den wahrhaft gefährlichen für Frauen, seien sie Sexarbeiterinnen, Lebensgefährtinnen oder Ehefrauen, identifizieren. Auch wenn Frauen dunkle Plätze, Tiefgaragen und uneinsichtige Ecken in der Stadt als Angsträume empfinden: Männergewalt gegen Frauen findet hinter verschlossenen Türen und im Privaten statt. Dort sind Frauen und Mädchen besonders gefährdet. Ob nun Indoor-Prostitution unter diesem Aspekt die Arbeit der Sexarbeiterinnen wirklich sicherer macht und die Frauen dadurch weniger ausbeutbar werden, muss fraglich bleiben. Dass Ausgrenzung und Stigmatisierung bestimmter Bevölkerungsgruppen, in diesem Fall meist migrantische Sexarbeiterinnen, die zudem vielfach diskriminiert werden, zu mehr Verachtung und damit auch zu mehr Gewalt führen, scheint kaum bedacht. Die Interessen der weißen, bürgerlichen, „anständigen" Gesellschaft bleiben auf diese Weise in jedem Fall gewahrt – auch jene der weißen, bürgerlichen Männer, die sexuelle Dienste gegen Bezahlung in Anspruch nehmen. Der öffentliche Raum bietet auf diese Weise keinen geschützten Raum für die sozial Abgewerteten, seien sie nun Obdachlose, Drogenkranke, Migrantinnen und Migranten oder Sexarbeiterinnen. Damit die Stadt auch für sie sicher und lebenswert wird, braucht es wohl noch mehr und andere Konzepte. Bis es so weit ist, gibt es – zumindest vorläufig – keine Straßenprostitution am Gürtel.

Der Transparente Raum
Kubus EXPORT

Transparenz und Offenheit verspricht Schutz. Transparente Räume machen sichtbar, ermöglichen Teilnahme und eröffnen den Dialog zwischen innen und außen. Vor allem dieser Aspekt ist für VALIE EXPORT in ihrem Konzept des „Transparenten Raums" unter dem Gürtelbogen von Bedeutung. Ein Kubus aus Glas ohne Metallträger, völlig transparent, wenn er leer steht und doch ein Raum. Ein Raum im Raum an einem lauten „Unort". Oben donnert die Stadtbahn in regelmäßigen Abständen über den Kubus, rechts und links fahren täglich Tausende Autos vorbei, und manchmal, immer öfter, findet etwas statt in diesem transparenten Raum: Diskussionen, bei denen die Menschen im Kubus wie in einem Schaufenster sitzen, ausgestellt und in allem, was sie tun, sichtbar. Die Transparenz lässt Vorübergehende teilhaben, auch wenn sie vielleicht nichts hören, und erlaubt den Blick auf Kunstinstallationen, Ausstellungen und Performances. Der „Kubus EXPORT – Der Transparente Raum" – so die offizielle Bezeichnung von VALIE EXPORTs Glas-Skulptur – soll genau so genützt werden: als „sichtbare Skulptur, die mit dem monumentalen Bau der Brücke einen gleichwertigen Dialog eingeht", als künstlerischer und gesellschaftlicher Raum, „der sich durch seine Transparenz in den urbanen Raum ausdehnt", und als Raum für Frauen, denen er auch ein Denkmal setzen soll. VALIE EXPORT hat mit diesem Raum ein offenes Zeichen gesetzt, das sie zugleich anderen Künstlerinnen (und auch Künstlern) als Präsentationsfläche für ihre Arbeiten zur Verfügung stellt.

2001 wird das Projekt „Der Transparente Raum" von VALIE EXPORT gemeinsam mit der Architektin Silja Tillner und dem Statikbüro Vasko & Partner realisiert. Silja Tillner will damit nicht nur einen ersten möglichen Schritt in Richtung „Kunstmeile" Gürtel setzen, sondern auch verhindern, dass die wieder geöffneten Gürtelbögen erneut „verstellt" und unpassierbar werden. Durchlässigkeit und Transparenz sind auch ihr wichtig.

Für VALIE EXPORT ist dies ihre erste öffentliche Arbeit in Wien. Außerhalb Österreichs ist sie schon seit vielen Jahren bekannt, geschätzt und aus den Kunstszenen der internationalen Festivals nicht mehr wegzudenken. Ihre Werke werden in Einzelausstellungen, Gruppenpräsentationen und internationalen Ausstellungen im Centre Pompidou in Paris, The Museum of Modern Art oder dem Metropolitan Museum in New York und dem Institute of Contemporary Art in London ebenso gezeigt wie bei der Documenta in Kassel 1977, der Biennale di Venezia (erstmals 1976) und der Moscow Biennale of Contemporary Arts 2007. Regelmäßig präsentiert VALIE EXPORT ihre Film- und Videoarbeiten bei Filmfestivals, für die sie schon bald Auszeichnungen erhält. Nur in Österreich wird sie kaum wahrgenommen. Erst 1992 werden in der Landesgalerie Linz am Oberösterreichischen Landesmuseum eine erste

Der Glaskubus von VALIE EXPORT

Retrospektive mit dem Titel „VALIE EXPORT. Lebend oder tot." und die Film-/Video-Retrospektive „Moviemento" präsentiert. Einige erste Ankäufe werden in der Folge durch das Landesmuseum getätigt. Vier Jahre später „entdeckt" die Generali Foundation Wien VALIE EXPORTs Schaffen und zeigt dem interessierten Publikum einen umfassenden Rückblick auf ihr filmisches Werk. 1997 kuratiert Monika Faber die Ausstellung „Split:Reality VALIE EXPORT" im Museum Moderner Kunst in Wien. Schließlich erhält die Künstlerin auch in Österreich zahlreiche Kunst- und Staatspreise – eine spätes Wahrnehmen und Anerkennen ihrer avantgardistischen Medienkunst.

1940 als Waltraud Lehner in Linz geboren, besucht die Künstlerin zunächst die Linzer Kunstgewerbeschule, an der sie eine Ausbildung in Handweben erhält, anschließend geht sie zum Studium der Textilkunst mit Schwerpunkt Design nach Wien und schließt mit einem Diplom ab. Von Anfang an ist ihr klar, dass sie eine andere Vorstellung von Kreativität als die ihr unterrichtete hat und dass sie als freie Künstlerin arbeiten will. Aus ihrem Nickname „Valie", wie sie von ihren Freundinnen und Freunden in Abkürzung ihres bürgerlichen Namens Waltraud genannt wird, und dem Logo „Export" entsteht ihr Künstlerinnenname – VALIE EXPORT. „Export" steht als Ausdruck dafür, dass sie ihre Gedanken und Ideen „exportiert", sich „Ex-Port" also aus dem Hafen, einem umschlossenen Bereich auf die „Weltmeere der Zivilisation oder der Kultur" begibt: „Ich gehe aus mir heraus, ... exportiere meine Ideen, ich exportiere mich. Und dann habe ich mir gedacht, das ist ... der richtige Name dazu." Mit der konsequenten Schreibweise ihres Künstlerinnennamens in Großbuchstaben gelingt ihr eine frühe „Selbstkonstruktion" als Künstlerin und wird damit auch in den Texten unübersehbar sichtbar. In den Sechziger- und Siebzigerjahren werden ihre provokanten Performances im öffentlichen Raum neben dem gerade anwesenden Publikum hauptsächlich von der Polizei wahrgenommen. Abgesehen von dieser „unkünstlerischen" Form der Aufmerksamkeit wird sie in Österreich mit ihren Arbeiten einfach ignoriert – wohl das Schlimmste für eine Künstlerin, denn Kunst entsteht erst in der Rezeption, im Wahrgenommen-Werden durch ein Publikum. Dieser Ignoranz gegenüber der Kunst von Frauen widersetzt sich VALIE EXPORT schon sehr früh, indem sie etwa 1972 den feministischen Text „Women's Art. Ein Manifest" verfasst. Im Internationalen Jahr der Frau 1975 kann sie ihre Idee einer Ausstellung weiblichen Kunstschaffens inklusive eines Symposiums unter dem Titel „MAGNA Feminismus: Kunst Kreativität", begleitet von den „21. Kunstgesprächen in der Galerie nächst St. Stephan" in Wien umsetzen. Prominente Künstlerinnen wirken hier mit: Rebecca Horn, Carolee Schneemann, Meret Oppenheim, Maria Lassnig, Birgit Jürgenssen, Meina Schellander, Cora Pongracz, Elfriede Jelinek, Friederike Mayröcker, Elfriede Gerstl und viele mehr. Zehn Jahre später engagiert sich VALIE EXPORT mit der Ausstellung „Kunst mit Eigen-Sinn. Aktuelle Kunst von Frauen", die sie gemeinsam mit Silvia Eiblmayr im Museum Moderner Kunst/ Museum des 20. Jahrhunderts in Wien kuratiert, erneut für die Beachtung und Würdigung von Arbeiten zeitgenössischer Künstlerinnen. Heidi Grundmann zeichnet verantwortlich für das internationale Videoprogramm. Ihre eigenen Performances, allen voran das „Tapp- und Tastkino" und die „Genitalpanik" werden in Österreich verspätet rezipiert, dafür aber gleichsam zum Mythos erhoben. Mittlerweile werden vor allem diese Bilder in Österreich mit VALIE EXPORTs Kunst verbunden, während die Vielfalt ihrer Arbeiten und der eingesetzten Medien, mit denen sie im Lauf ihrer künstlerischen Entwicklung gearbeitet hat, oft übersehen werden. Nicht so in anderen Ländern: Die Künstlerin erhält schon ab dem Ende der 1960er-Jahre Einladungen nach London, Brüssel und Amsterdam. Ab den 1970er-Jahren wird sie auch nach New York eingeladen. VALIE EXPORT beschäftigt sich mit unterschiedlichen künstlerischen Medien und kombiniert sie immer wieder neu in unkonventionellen Zusammenhängen. Sie untersucht vor allem die Konstruktion von Wirklichkeit(en) und kreiert zugleich neue mediale Realitäten. Im Fragmentieren der festgehaltenen Eindrücke durch Fotoapparat, Filmkamera und die Wahrnehmung der Sehsinne werden die Bilder neu und anders miteinander verbunden, sodass ungewöhnliche Assoziationen möglich sind, neue Sicht- und Denkräume entstehen. VALIE EXPORT schafft damit avantgardistische Medienkunst. Gerade dieses Immer-wieder-anders-Zusammensetzen spiegelt sich in der Bezeichnung ihrer Arbeit als „mediale Anagramme" wider. Anagramme sind Worte, die durch eine andere Stellung derselben Buchstaben völlig neue Bedeutungen erhalten. Ständige Veränderung und Offenheit in ihrem Kunstschaffen sind damit treffend bezeichnet. Veränderungen und auch Deformationen sind unter anderem Themen, die sie mit ihrem Konzept des „Expanded Cinemas", des erweiterten Kinos, und ihren ersten abstrakten Filmen visualisiert. Verletzung und Selbstverletzung thematisiert sie auf diese Weise in ihrem Film „... Remote...Remote...", der Schnitte in die Haut bei den Fingernägeln zeigt. Die Finger werden immer wieder in Milch getaucht, die symbolisch für die Muttermilch steht, die

Geborgenheit, das Zuführen von Nahrung. Ein Zustand, der sehr bald mit den Deformationen durch die restriktiven Regeln der Gesellschaft endet. VALIE EXPORT untersucht mit diesen Performances und Bildern „die Grenzen zwischen dem Körper und seiner Umgebung, zwischen dem individuellen Körper und dem Sozialen, Kollektiven, zwischen dem Inneren und Äußeren …", schreibt Brigitte Huck. Das Innere nach außen tragen, ist wesentlicher Bestandteil der Arbeiten von VALIE EXPORT. In einer ihrer letzten Arbeiten zeigt sie bei der Biennale in Venedig 2007 mit einem Laryngoskop die Aufnahmen ihrer Stimmritze beim Sprechen und visualisiert damit den Beginn der Stimme in einer anstrengenden und erneut grenzgängerischen Performance. Sprache, Worte und Stimme nehmen in ihrem Gesamtwerk eine wichtige Rolle ein und auch hier ist der Blick auf die gesellschaftlichen Verhältnisse von zentraler Bedeutung. 2005 präsentiert sie zusammen mit künstlerischen Werken von Elfriede Jelinek und Olga Neuwirth ihre Videoinstallation „Die Macht der Sprache". Die Frage, ob es eine weibliche Kunstsprache gibt, beantwortet VALIE EXPORT mit einem klaren „Nein": „Es gibt nicht die typische weibliche Sprache, es gibt nicht das typisch weibliche Kunstwerk, es ist eine politische Haltung und es drückt sich durch das Formale und Inhaltliche aus … Aber es gibt eine feministische Kunstgeschichte." Hier weibliches Kunstschaffen einzuschreiben, bleibt ihr ein Anliegen, ebenso wie die Schaffung konkreter und diskursiver Räume, die zeitgenössische Arbeiten ermöglichen wie im „Kubus EXPORT – Der Transparente Raum" am Gürtel. Aufgrund unklarer Zuständigkeiten in der Stadtverwaltung fehlt in den Jahren nach der Fertigstellung ein langfristig konzipiertes Programm, das eine konsequente Nutzung des Kubus garantiert. Zwischenzeitlich finden Präsentationen von Olga Neuwirth, Mia Zabelka, Oliver Hangl und Wolfgang Muthspiel statt. Einige Einzelausstellungen werden realisiert und 2005 drei Interventionen der Gruppe „SCHRIFT:RAUM:FORM" umgesetzt. 2009 und 2010 startet die Gruppe „VIEW" (Vision Entwicklung Westgürtel) einen neuen Versuch, den „Kubus EXPORT – Der transparente Raum" langfristig und vielfältig wieder zu beleben. In inhaltlicher Abstimmung mit VALIE EXPORT entwickeln Ula Schneider und Beatrix Zobl gemeinsam mit Angela Heide das ambitionierte Konzept „Transparente Sichtbarkeiten". Werkstattgespräche mit VALIE EXPORT und Präsentationen ihrer Arbeiten finden im Zuge der Veranstaltungsreihe ebenso statt wie Diskussionen zu den Themen „Feministische Strategien der Raumergreifung", „Raum schaffen – Sichtbarmachen: Frauenrepräsentationen in der Kunst" oder „Politik von und für Frauen am Westgürtel". Die Gespräche mit Vertreterinnen der antirassistischen Migrantinnen-Selbstorganisation „MAIZ" aus Linz und der Beratungsstelle für Migrantinnen in der Sexarbeit „Lefö Wien" beschäftigen sich gesellschaftskritisch mit der stigmatisierten Gruppe von Frauen am Gürtel, den Sexarbeiterinnen. Seit 2011 zeichnet die Abteilung für Stadtteilplanung und Flächennutzung für das Programm im „Kubus EXPORT – Der Transparente Raum" – wiederum in Abstimmung mit VALIE EXPORT – verantwortlich. Der explizit feministische Frauenschwerpunkt wird aufgegeben, und auch andere gesellschaftspolitische und künstlerische Themen erhalten Raum. Nicht zuletzt bietet der Kubus nun auch jungen Nachwuchskünstlerinnen und -künstlern eine Möglichkeit der Präsentation. Auch hier ganz im Sinne VALIE EXPORTs, die als international Lehrende die Zusammenarbeit mit jungen, kreativen Menschen schätzt und unterstützt. Der Transparente Raum im Kubus EXPORT am Gürtel wird demnach noch oft verschiedenen Öffentlichkeiten Raum bieten und zugleich als künstlerische Skulptur für sich stehen, unabhängig von anderen Interventionen oder künstlerischen Aktivitäten. Es lohnt sich, immer wieder an dieser Stelle über den Gürtel zu gehen.

In Wien beginnt der Balkan

Der Spaziergang führt weiter über den Gürtel in Richtung 16. Bezirk. Die Friedmanngasse auf der anderen Seite des Gürtels entlang ist bald die Brunnengasse zu sehen. Hier befindet sich zu beiden Seiten der orientalisch anmutende Brunnenmarkt. Es lohnt sich, nach rechts Richtung Yppenmarkt zu schlendern und sich in eine südöstliche Atmosphäre versetzen zu lassen. Am Brunnenmarkt ist noch gut nachvollziehbar, dass seit dem 19. Jahrhundert das Flair der Stadt gerne mit dem Satz „In Wien beginnt der Balkan" beschrieben wird. Auch wenn nicht viele Wienerinnen und Wiener den Wert dieses Flairs zu schätzen wissen und immer auch „die Gefahr von Exotismus" besteht, hat dieser Teil der Stadt dennoch seine ganz eigene Ausstrahlung. Eine Ausstrahlung, die vor allem Intellektuelle wie Kreative zu schätzen wissen. So hat sich in den letzten Jahren vor allem die Umgebung des Brunnenmarktes und Yppenmarktes stark verändert, und Menschen aus anderen Stadtteilen sind in den ehemals Arbeiter- und Migrantenbezirk gezogen. Eine Veränderung, die positiv, aber auch kritisch gesehen wird.

Auf der Suche nach einem besseren Leben
Ottakring

Die Arbeitsmigration ist seit dem 19. Jahrhundert untrennbar mit der Geschichte des Bezirkes Ottakring verbunden. Industrialisierung und kapitalistische Wirtschaftsformen lassen ein Proletariat der verarmten Massen entstehen. Die Menschen strömen aus den ländlichen Gebieten der Monarchie auf der Suche nach Arbeit und einem besseren Leben in die Städte. In den Vorstädten und Vororten mit ihren Fabriken finden sie jedoch meist nur Ausbeutung und sklavenähnliche Arbeits- und Lebensbedingungen. Zwischen 1830 und 1850 steigt die Zahl der Bevölkerung in Wien um nahezu vierzig Prozent, während nur zehn Prozent mehr Wohnungen zur Verfügung stehen. Immobilien- und Bauspekulanten geraten in Goldgräberstimmung und versuchen mit Rasterplanung und maximaler Verbauung der Grundstücke, oft auch in Umgehung der Bauordnung, den größtmöglichen Gewinn für sich herauszuholen – auch in Ottakring. 1890 leben siebzig von hundert Berufstätigen von Industriearbeit und Kleingewerbe, um 1900 haben nur vier Prozent der Bezirksbevölkerung angesichts der geringen Löhne und des fehlenden Wohnraums ein eigenes Zimmer für sich. Ottakring wird zur berühmt-berüchtigten Vorstadt – ein Ort der Armut, der Prostitution, der volkstümlichen Vergnügungen und ein Ort der Rebellion. Es ist das andere Wien jenseits des Gürtels, „ein unbestimmtes Terrain voller Unwägbarkeiten und Unsicherheiten". In den 1960er-Jahren scheint sich die Geschichte in abgewandelter Form zu wiederholen, dieses Mal aus anderen Gründen. Das Wirtschaftswunder der Nachkriegszeit braucht mehr Arbeitskräfte. 1962 beginnt Österreich „Gastarbeiter" aus der Türkei und ab 1966 aus Jugoslawien anzuwerben. Hat die österreichische Wirtschaft und Politik noch lange die Vorstellung, die Arbeitskräfte wieder zurückschicken zu können, sobald das Wirtschaftswunder abflaut, muss bald zur Kenntnis genommen werden, dass die Menschen in Österreich eine neue Heimat gefunden haben und ihre Familien nachholen wollen. In Ottakring führt in dieser Zeit erneut Wohnungs- und Bauspekulation zu schlechten Wohnbedingungen. Gegen Ende der 1990er-Jahre ist der Tiefpunkt erreicht. Am Brunnenmarkt geht die Zahl der Kundinnen und Kunden drastisch zurück, Erdgeschoßlokale bleiben leer. 45 Prozent der Bausubstanz gilt als dringend erneuerungsbedürftig, und der Anteil an Substandard-Wohnungen, viele noch mit Toiletten und Wasseranschluss am Gang, beträgt 25 Prozent. Nur wenige wollen in Ottakring wohnen, dennoch bleibt vielen nichts anderes übrig, als in die Außenbezirke der Stadt zu ziehen. Die Mieten der Innenbezirke steigen zusehends. So wohnen vor allem untere Einkommensschichten, darunter auch Studierende, einige wenige Kunstschaffende und zugewanderte Menschen, im 16. Bezirk. 2010 beträgt der Anteil der Ottakringer Bevölkerung, die nicht in Österreich geboren ist, 40,3 Prozent. Nur einige wenige wählen bewusst das Brunnenviertel in Ottakring als Wohn- und Arbeitsort. Zu diesen zählt Ula Schneider, Künstlerin, Initiatorin und Projektleiterin von „Soho in Ottakring".

Ula Schneider und „Soho in Ottakring"

Ula Schneider weiß, was es heißt Migrantin zu sein. Ihre Eltern übersiedeln das erste Mal, als sie sieben Jahre alt ist und wenig später endgültig nach Washington, in die Vereinigten Staaten. Obwohl sie sich aus Protest gegen dieses Versetzt-Werden zwischenzeitlich weigert, Englisch zu sprechen, muss sie den Eltern in die Suburbs von Washington folgen. Die begrenzten Möglichkeiten, mit anderen Menschen in Kontakt zu kommen und das lähmende Flair der kleinbürgerlichen Vorstadt mit Haus und Garten wecken in ihr nachhaltig den Wunsch nach urbanem Leben und Vielfalt. Auch in der deutschen Schule, die sie dort besucht, wird sie nicht wirklich heimisch. Das ständige Kommen und Gehen der Diplomatenkinder erlaubt keine langwährenden Bindungen. Obwohl sie dennoch gerne ein amerikanisches College besucht hätte, fällt schließlich die Entscheidung, nach Wien zu gehen, um Kunstgeschichte zu studieren. Sehr bald zieht Ula Schneider jedoch weiter, zunächst nach Frankfurt, wo sie Gasthörerin an der Städel-Schule (Staatliche Hochschule für Bildende Künste) wird, dann nach Stuttgart, um schließlich für eine Weile in Berlin zu landen. Kurz nach der Wende erlebt sie die Aufbruchsstimmung dieser Zeit und beobachtet, wie in Berlin Mitte leer stehende Räume für verschiedenste künstlerische Aktivitäten verwendet werden und das ganze Viertel dadurch belebt wird. Diese Idee, Leerstände zu nutzen, um Künstlerinnen und Künstlern Raum für Kreativität weitab vom etablierten Kunstbetrieb zu bieten, nimmt Ula Schneider mit nach Wien–Ottakring – wo ebenfalls zahlreiche Geschäftslokale leer stehen. Es gelingt ihr, die Eigentümer der Lokale davon zu überzeugen, diese Räume im Prekarium (Bittleihe) Kunstschaffenden vorübergehend zu überlassen. Das bedeutet, es muss keine Miete gezahlt werden, die Nutzerinnen und Nutzer besitzen aber auch keinerlei Rechte und müssen das Objekt umgehend verlassen, sobald es vermietet wird. 1999 gelingt es Ula Schneider fünf dieser Räume in Kooperation mit Kunstgalerien zu bespielen. Auch das Service Center Geschäftslokale der Wirtschaftskammer Wien beginnt sich für diese Idee zu interessieren, und es entwickelt sich eine dreijährige Kooperation. Die Entwicklung eines Kunstprojekts im urbanen Raum braucht Zeit, und Erfolge sind zunächst nicht in der von der Kammer erwünschten Weise wirtschaftlich messbar. 2003 zeigen sich die Interessensunterschiede als zu groß und die Kooperation wird aufgelöst. Im Laufe der nächsten Jahre entwickelt sich das Experiment unter dem programmatischen Namen „Soho–Ottakring" zu einem Kunstfestival, das mehr und mehr österreichische wie internationale Kunstschaffende und Kunstinteressierte anzieht. Jährlich wird das Brunnenviertel zwei Wochen im Mai zu einer offenen Plattform zeitgenössischen Kunstschaffens. Ula Schneider, ihre Mitorganisatorinnen und Unterstützer versuchen die Umgebung und die dort lebenden und arbeitenden Menschen aktiv mit einzubeziehen. Es werden Kooperationen mit Schulen, Jugendbetreuungseinrichtungen, sozialen Institutionen, Vereinen, Geschäftsleuten, Gewerbetreibenden und der Gebietsbetreuung des Bezirks eingegangen. Der Ort und seine besonderen Eigenheiten soll auch inhaltlich in der künstlerischen Auseinandersetzung berücksichtigt werden. Möglichst viele sollen daran teilhaben können und die Möglichkeit erhalten, mitzumachen. Ein partizipativer Anspruch, der sehr viel Ausdauer, Kommunikationsfähigkeit und auch Kompromissbereitschaft erfordert, nicht zuletzt deshalb, weil die Interessen der beteiligten Gruppen unterschiedlicher nicht sein könnten. Auch der „erweiterte Kunstbegriff" von Soho–Ottakring fordert von Kunstschaffenden wie von Kunstinteressierten mehr: „Unser Interesse ist nicht nur zu möblieren oder zu dekorieren, sondern zum einen interdisziplinär zu arbeiten und zum anderen quasi hineinzugehen in den sozialen Raum und auch Themen aufzugreifen, die teilweise verborgen sind, neue Verknüpfungen schaffen, Räume öffnen, auch neue Öffentlichkeiten generieren. Nicht davon ausgehen, dass etwas schon fertig und vorhanden ist, sondern, dass das eher erarbeitet werden muss. Da ist es nicht immer vorrangig, dass es als Kunst sichtbar ist. Teilweise ist der Prozess wichtiger als das Resultat." Zu den prozessorientierten „Langzeitprojekten" zählt unter anderem die „Werkstatt für Leistungsabbau", die in Kooperation mit Lehrerinnen und Eltern versucht, das kreative Potenzial von Kindern zu aktivieren oder der „Interkulturelle Garten", der von der Gruppe „Garten-Polylog" im Huberpark angelegt wird: „Auf einer gemeinsam betreuten Gartenfläche ist der gegenseitige Austausch von Wissen und Fertigkeiten, von Samen und Früchten, Geschichten und Erfahrungen möglich. Gespräche über das Gemüse hinaus sind für jede Nachbarschaft in sozialer und gemeinschaftlicher Hinsicht äußerst fruchtbar", lässt sich im Konzept von „Garten-Polylog" nachlesen. Nicht immer ganz so fruchtbar wie dieses Projekt sind die Gespräche mit den zuständigen Behörden und Geldgebern. Die Organisatorinnen und Organisatoren brauchen „langen Atem", um administrative und ökonomische Zwänge zu überwinden. Von Jahr zu Jahr müs-

Der „Interkulturelle Garten" im Huberpark

sen Projektförderungen bei Bezirk, Gemeinde, Land und
EU eingereicht werden, um das Kunstfestival zu ermöglichen, wobei Ula Schneider und ihr Team das mühselig zu-
sammengetragene Budget lieber für die Unterstützung
von Kunstprojekten verwenden, als das Geld in die Infrastruktur des Festivals zu investieren, auch wenn eine derartige Infrastruktur durchaus wünschenswert wäre. Der
hohe inhaltliche Anspruch einerseits und das Streben
nach maximaler Partizipationsmöglichkeit des lokalen
Umfelds andererseits führen zu Offenheit bei der Auswahl
der Kunstprojekte (im Gegensatz zu streng kuratierten
Projekten), zu Vielfalt, zu experimentellem, spartenüber-
greifendem aber genauso zu Qualitätsunterschieden und
manchmal auch zu Misserfolgen und Kritik. Um der inhaltlichen wie künstlerischen Reflexion Zeit zu geben,

wird das Festival ausgesetzt. 2004 werden zwei Wochen lang Diskussionsveranstaltungen angeboten, um gesellschaftsbezogene Themen aufzuarbeiten oder neu aufzunehmen. Die Gespräche werden „als Angebot an Künstlerinnen und Künstler gesehen, die Verantwortung für Kunstprojekte im sozialen Raum zu übernehmen". 2010 stellt sich nach elf Festivals für Ula Schneider und ihren Partnerinnen und Partnern die Frage, ob sie nun den Weg in Richtung „Kunstevent-Management" einschlagen wollen oder ob eine Entschleunigung nicht doch der bessere Weg wäre, um mehr Zeit für Inhalte aufwenden zu können. Die Entscheidung fällt zugunsten einer Entschleunigung. Ab 2011 findet das Festival nur mehr alle zwei Jahre statt. Im Jahr dazwischen werden im Sinne eines Jahresbetriebs drei längerfristige, prozessorientierte Projekte gestartet, insgesamt sechs öffentliche Werkzeug-Gespräche geführt und weiterhin das Spannungsfeld zwischen Kunst, Politik und Gesellschaft ausgeleuchtet. Ula Schneider betrachtet „Soho in Ottakring" nicht als autonomes, vielmehr als ein zu verhandelndes Projekt, „weil hier alles sehr nahe zur politischen Landschaft steht, auch Kunst und Kultur". Die Tendenz der „Vereinnahmung und der Instrumentalisierung durch Stadtplanung, Stadtmarketing oder Imagepolitik" ist immer wieder zu spüren. Gerne schmücken sich Kulturstadtrat und Bezirksvorsteher mit den positiven Effekten des Kunstfestivals für das Brunnenviertel, als hätten sie es selbst erfunden. Sicher ist in jedem Fall, dass Ula Schneider und Soho in Ottakring viel wertvolles zur Aufwertung und Weiterentwicklung eines Stadtteils – des Brunnenviertels – beigetragen haben und eine national wie international viel beachtete Kunstplattform gelungen ist, die mit künstlerischen Mitteln auf die

Herausforderungen des Ortes und auf gesellschaftspolitische Fragen reagiert. 2012 findet das Festival „Soho in
Ottakring" wieder statt und widmet sich dem „Unsiche-
ren Terrain" in krisenhaften Zeiten. Kunst hat die Freiheit,
Tabus zu überschreiten, Konfliktfelder zu visualisieren
und Grenzen zu erweitern – „Soho" hat die Grenzen Otta-
krings in jedem Fall erweitert.

Vegetarischer Genuss auf Indisch Arjuna

Darüber hinaus hat sich der Yppenplatz in den letzten Jahren generell zu einem beliebten Treffpunkt mit attraktiven Szenelokalen entwickelt. Neben den „hippen" Lokalen
der gastronomischen Platzhirsche, die nach dem Naschmarkt auch den Brunnenmarkt erobert haben, gibt es am
Yppenplatz kleine, feine, zurückhaltendere Alternativen:
Alteingesessene Wiener Gasthäuser ebenso wie Lokale
mit besonderen kulinarischen Angeboten. Mit einem besonderen Angebot kann auch das Lokal „Arjuna" aufwar-
ten. Hier gibt es liebevoll zubereitete, vielfältige indische
Küche. Eine besondere Empfehlung für Vegetarierinnen
und Indien-Fans.

Payergasse 12
Yppenmarkt
1160 Wien

Personenregister

Petra Unger arbeitet als akademische Referentin
für feministische Bildung und Politik, Expertin
für Gender Studies und Feministische Forschung,
M. A. und als Kulturvermittlerin. Sie forscht zu
politischer Frauengeschichte und Frauenkunst-
geschichte unter feministischen Aspekten, hält
Vorträge und Seminare und organisiert Rundgänge zur Frauen(kunst)geschichte; zahlreiche
Publikationen.

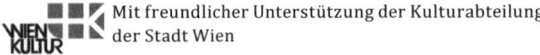 Mit freundlicher Unterstützung der Kulturabteilung
der Stadt Wien

© 2012 Metroverlag, Wien
Verlagsbüro W. GmbH
Gesamtherstellung: Druckerei Theiss GmbH, St. Stefan i. Lavanttal
ISBN 978-3-99300-072-1